반정의 얼굴

폭군은 어떻게 만들어지고 몰락하는가

반정의 얼굴

권경률 지음

드레북스

반정의 얼굴

1쇄 발행 2025년 5월 26일

지은이 권경률
캘리그라피 이상현
펴낸이 조일동
펴낸곳 드레북스

출판등록 제2025-000023호
주소 서울시 은평구 통일로 630 래미안 베리힐즈 203동 1102호
전화 02-356-0554 **팩스** 02-356-0552
이메일 drebooks@naver.com
인스타그램 @drebooks

인쇄 (주)프린탑
배본 최강물류

ISBN 979-11-93946-40-4 03910

새 역사는 누구를 위한 것인가?
교차하는 반정의 얼굴들

들어가는 글

반정(反正)은 본래의 바른 상태로 돌아가는 것을 말한다. 1506
년 9월 2일(음력), 폭군 연산을 왕위에서 몰아내고 이복동생 진성
대군을 옹립하는 의거가 성공을 거두었다. 바로 중종반정이다. 반
정의 주역은 명망 있는 사대부들이었지만, 그 원동력은 미친 폭정
을 청산하고 바른 정치를 해주기를 바라는 민심의 폭발이었다.

연산군은 아랫사람이 간언하는 것을 극도로 혐오했다. 신하가
바른말이라며 임금에게 쓴소리하는 것을 죽여 마땅한 죄악으로 보
았다. 경고하기 위해 관원들에게 패를 차도록 했는데, 다음과 같
은 시가 새겨져 있었다.

입은 화를 부르는 문이요, 혀는 자신을 베는 칼이다.
입을 다물고 혀를 깊이 감추면 어디에 있든 몸이 편안하리라.

－《연려실기술》〈연산조 고사본말〉

입을 틀어막기 위해 연산군은 상상을 초월하는 사화를 일으켰다. 1504년 갑자사화는 생모 폐비 윤씨의 죽음을 빌미 삼아 신하들을 마구잡이로 도륙한 참극이었다. 어머니를 내세워 사화를 일으켰지만 진정한 의도는 따로 있었다.

폭군은 위를 능멸하는 풍속을 고쳐 없애겠다고 선포했다. 임금을 업신여기는 죄를 엄히 다스리겠다는 것이다. 과거의 기록을 샅샅이 뒤져 왕에게 쓴소리한 대신과 바른말을 한 언관들을 모조리 잡아들이게 했다.

성리학에서는 바른말과 쓴소리가 선비의 곧은 절개에서 나오는 것이라고 가르쳤지만 연산군은 믿지 않았다. 실제로는 곧은 선비라는 명성을 얻으려고 간언을 빙자해 임금을 능멸했다는 것이 폭군의 생각이었다.

이 사화로 대소신료와 선비 240여 명이 화를 입었다. 가족과 친인척까지 합치면 피해자는 헤아릴 수 없었다. 손바닥 뚫기, 불로 지지기, 가슴 빠개기, 배 가르기, 마디마디 자르기, 뼈 바르기 등 온갖 악독한 고문이 동원되었다. 베어 죽이고, 찢어 죽이고, 토막 내어 죽였다. 유배 가면 그나마 다행이었다.

갑자사화는 임금이 주도면밀하게 계획하고 살기등등하게 밀어

붙인 친위 정변이었다. 사화의 여파로 조정과 궁궐에 공포의 그림자가 드리웠다. 신하들은 임금이 격노할까 봐 눈치를 보고 비위 맞추는 데 급급했다. 연산군은 죽음의 '입틀막'으로 무슨 일이든 마음대로 할 수 있는 전제군주가 되었다.

견제받지 않는 권력은 반드시 타락하고 백성을 고통에 빠뜨린다. 연산군은 유아독존의 권능을 광적인 쾌락과 망상을 충족하는 데 썼다. 사냥과 유흥으로 소일하고, 무분별하게 여색을 탐했으며, 궁궐을 크고 호화롭게 확장했다. 그 대가는 백성이 치러야 했다. 세금을 마구잡이로 거두고, 밤낮으로 부역에 동원했으며, 궁궐과 사냥터 근처의 주민들을 쫓아냈다.

집과 생업을 잃은 사람들이 길에서 헤매다가 쓰러져 죽었다. 시신은 성문 밖에 내다 버렸다. 숭례문과 노량진 사이에 시체가 쌓였다. 임금 때문에 백성이 다 죽게 생긴 것이다. 조선에 '지옥도'가 펼쳐졌지만, 폭군은 한가로이 '태평성대'를 노래했다.

궁전에 가득한 젊은 계집들은 교태가 절로 아름다우니
태평을 구가하는 음악 소리에 모두가 은혜를 더하네.
— 《연산군일기》 1506년 1월 1일

이 광란의 폭정을 멈추려면 국왕에게 간언해야 하는데 대소신료들은 꿀 먹은 벙어리가 된 지 오래였다. 입바른 소리를 해온 성균관 유생들도 국왕이 타는 가마인 연을 둘러메고 임금에게 잘 보이려고 애썼다.

그러던 어느 날 서울 종루 기둥에 익명의 벽서가 붙었다.

임금을 시해하는 도가 전(傳)에도 있으니 가엾은 사람들아 나
의 의병을 따르라.

— 《연산군일기》 1506년 1월 28일

익명서는 도성을 강타했다. 대담하게 국왕 살해를 거론했다. 백
성들은 놀라워했고, 사대부들은 충격을 받았다. 귀띔을 받은 왕은
노발대발했다.

앞서 사화로 죽은 자들의 친인척이 용의자로 몰렸다. 의금부에
명해 사화에 연좌되지 않았던 혈족과 처족을 모조리 잡아들였다.
익명서에 대해 실정을 밝히라며 죽을 때까지 고문했다. 유배 죄인
들 또한 검찰관인 근리사를 파견해 닦달하고, 의심이 가면 죽음의
고문을 시행했다. 무고한 자라 할지라도 개의치 않았다.

민심은 묘한 것이다. 폭군이 미쳐 날뛰자 오히려 모반의 기운이
피어올랐다. 절대권력을 휘두르는 무시무시한 왕인 줄 알았는데,
가만 보니 죽을까 봐 두려워 광기에 휩싸인 나약한 군주였다. 의
거가 일어날 것이라는 풍문이 돌았다. 소문은 사람들의 입에 오르
내리며 구체적인 형상을 갖추었다.

갑자사화에 연루되어 유배 간 젊은 문관이 소문의 주인공으로
떠올랐다. 문무를 겸비한 자이니 군사를 일으켜 폭군을 몰아낼 것

이라는 기대였다. 민심이 폭발하자 사대부들의 공론도 들끓었다. 폭군에게 충성 맹세를 한 조정 대신과 왕의 측근들도 흔들리기 시작했다. 이윽고 반정의 불길이 타올랐다.

　이 책은 1506년 중종반정을 여러 사람의 관점에서 바라보며 재구성한 역사 이야기다. 보는 사람의 시각에 따라 달라지는 반정의 얼굴이 이채롭다. 반정에 직면해 그들이 선택의 기로에 서고 운명적으로 얽히는 것도 흥미진진하다. 9월 1일부터 3일까지 중종반정이 진행되는 동안 서로 교차하는 다섯 편의 이야기를 만나보자.

　〈운수 좋은 날〉의 주인공인 장순손은 연산군에게 간언한 죄로 갑자사화 때 유배 간 문신이다. 《연려실기술》에는 그가 돼지머리를 닮은 얼굴 때문에 폭군이 총애하는 기녀의 정부(情夫)로 몰려 생사의 경계를 넘나드는 일화가 실려 있다. 이야기 속에서 장순손은 은혜를 베푼 고양이의 도움을 받고 중종반정으로 운 좋게 목숨을 구한다. 유배자의 관점에서 폭군의 공포정치를 바라보고 구원으로서의 반정을 그렸다.

　〈삼대장〉은 중종반정의 주역인 박원종, 성희안, 유순정이 반정을 일으키는 과정을 담았다. 《연산군일기》의 1506년 기사들을 보면 익명서 사건 이후 폭군이 미쳐 날뛰는 가운데 모반의 기운이 무르익는 징후가 나타난다. 반정은 성희안이 도모하고, 박원종이 결단하고, 유순정이 협력하는 가운데 때를 만나 일거에 휘몰아쳤다. 정변을 맞아 조정 대신과 왕의 측근들이 어떻게 처신하는지 살펴보는 것도 묘미다.

〈집으로 가는 길〉은 중종반정의 소용돌이 속에서 운명이 뒤바뀐 여인들의 이야기다. 연산군의 처 중전 신씨와 진성대군의 아내 부부인 신씨는 고모와 조카 사이다. 중전은 어진 성품으로 신망이 두터웠으나 반정으로 폐비가 되고 어린 왕자들까지 모두 잃었다. 부부인도 연산군을 끝까지 섬기다가 죽은 신수근의 딸이라는 이유로 왕비 책봉을 받지 못한다. 장녹수는 폭군의 총애를 받은 대가로 성난 군중의 제물이 되었다.

〈폭정의 두 얼굴〉에서는 아버지 성종이 이룩한 성리학적 통치 체제를, 쫓겨나 죽은 어머니 폐비 윤씨의 이름으로 무너뜨리려 한 연산군을 만난다. 폭군이 태평성대를 과시하며 거느리고 다닌 여성 예인 흥청과 운평에 대해 이모저모 알아보았다. 또한 박원종을 격분하게 한 폭군과 승평부대부인 박씨의 간통설을 파헤치고 반정에 미친 영향을 가늠했다. 귀양길에 오른 연산군을 풍자하여 민간에서 불렀다는 노래도 곱씹어본다.

〈의적과 선비〉에는 연산군 때 떠들썩하게 활동한 도적 홍길동과 의거 소문의 주인공으로 떠올랐던 선비 이장곤이 등장한다. 《연산군일기》에 기록된 길동의 행적과 《청구야담》에 실린 장곤의 후일담을 각색하여 당시 백성이 바라보았을 반정의 얼굴을 복원했다. 후대에 나오는 허균의 〈홍길동전〉과 〈호민론〉도 인용해 성리학적 통치 회복이 아니라 백성이 열망했을지도 모르는 또 다른 반정을 그려보며 이야기를 마친다.

역사적 사건은 빛과 그림자의 복합체다. 명암을 아울러 봐야 온전히 이해할 수 있다. 《반정의 얼굴》은 폭군을 축출하고 새로운 시대를 연 한국사의 극적인 순간을 서로 다른 관점을 교차하여 입체적으로 조명했다. 역사적 사실을 바탕으로 이야기의 얼개를 짜고 있을 법한 추론과 상상을 가미해 모양을 냈다.

좋은 정치는 서로 다른 사람들로 아름다운 화음을 빚어내는 것이라고 생각한다. 이 책을 읽는 독자들이 전환기를 맞이한 한국 사회를 통합적으로 바라보고 힘을 모은다면 역사를 하는 사람으로서 한량없이 기쁠 것이다.

들어가는 글

3 집으로 가는 길

4 폭정의 두 얼굴

운수 좋은 날

폭풍은 다시 몰려오고

"죄인 순손은 어서 나와 어명을 받들라!"

금부도사의 서릿발 같은 목소리가 경상도 성주 남산골에 쩌렁쩌렁 울렸다. 아침을 먹다가 놀란 장순손은 어리둥절한 표정으로 방문을 열고 나왔다. 범강장달이 같은 사내들이 붉은 주릿대를 거머쥐고 삼엄하게 마당에 섰다. 깔대기 관모에 까치등거리를 걸친 의금부 나졸들이다.

"위를 능멸한 순손을 의금부로 압송하라."

금부도사가 교지를 반포하자 나졸들이 다짜고짜 달려들어 포박했다. 장순손의 귓전에 죄목이 메아리친다. '능상(凌上)'이라고? 임금을 능멸했다는 것이다. 주상이 마구잡이로 휘두르는 미치광이 칼춤이다. 죄인 아닌 죄인은 정신이 아득해졌다.

장순손은 이미 능상의 죄목으로 관직을 삭탈 당하고 고향에 쫓겨 와 있었다. 1500년(연산군 6)에 임금에게 간한 것을 뒤늦게 문제삼았다. 사냥이 너무 잦으니 국정을 위해 자중하시라고 아뢰었을 뿐이다. 국왕의 자문관인 홍문관 부제학으로서 제 소임을 다한 것이다. 4년이 지난 뒤에 그 일로 죄를 물을 줄은 꿈에도 몰랐다.

1482년(성종 13) 8월 16일 왕이 대신들을 불러 모아 폐비 윤씨를 사사(賜死)하겠다는 뜻을 밝혔다. 정창손, 한명회, 윤필상, 이파 등은 후환을 없애는 편이 낫겠다며 동의했다. 성종은 좌승지 이세좌를 윤씨 집에 보내 형을 집행하게 하고, 우승지 성준은 대비전에 보내 이를 아뢰게 했다. 이세좌는 내의 송흠에게 사약에 관한 자문을 구하고, 주서 권주로 하여금 전의감에서 비상을 가져오도록 했다. 그날 폐비 윤씨는 사약을 마시고 세상을 떠났다.

1504년(연산군 10)에 연산군은 20여 년 전 그날 어머니의 죽음에 관여한 사람들을 모두 처형했다. 그것도 아주 참혹하게 죽였다. 대신과 승지들은 물론 내의도 주서도 살아남지 못했다. 토막 내거나 찢어 죽였고, 관을 부숴 해골을 참했고, 뼈를 갈아 바람에 날려 보냈다.

장순손은 그 가운데 이세좌의 죽음을 생생하게 기억했다. 처음에는 유배를 보내더니 유배지를 계속 옮겼고, 다시 서울로 불러 장을 치고는 얼마 후인 1504년 4월 4일 사사했다. 그것으로 끝이 아니었다. 한 달 뒤에 무덤에서 이세좌의 머리를 잘라 거리에 효수했다. 또 한 달 뒤에는 이세좌의 집을 헐고 그 터에 못을 만들었다. 5달 뒤에는 이세좌가 과거를 주관할 때 급제한 자들을 전부 떨어뜨렸다. 너무나 집요해 혀를 내두를 지경이었다.

조지서의 죽음도 충격적이었다. 그는 연산군의 스승이다. 세자 시절 가르쳤는데, 게으름을 꾸짖고 엄하게 대했다고 한다. 연산군은 잊지 않고 있었다. 1504년에 왕은 진주로 낙향한 스승을 압송해 의금부에서 국문했다. 조지서는 뚱뚱한 몸으로 결박당했는데, 형장 3대를 맞더니 숨이 막혀 죽었다. 연산군은 스승의 머리를 베어 철물전 앞에 효수하도록 했다. 죄명은 '자기스스로 높은 체하여 군상(임금)을 능멸했다'는 것이었다.(《연산군일기》 1504년 윤4월 16일)

연산군은 광기에 사로잡혀 대소 신료와 만백성을 겁박했다. 그가 입버릇처럼 외던 말이 '능상지풍(凌上之風)', 위를 능멸하는 풍습이었다. 그것을 '혁거(革去)', 고쳐 없애는 것이야말로 지상과제라고 믿었다. 감히 신하가 임금을 업신여기는 못된 풍습을 엄히 다스려 뿌리뽑겠다는 것이다.

이는 선전포고였다. 임금에게 무조건 복종하라는 것이었다. 토를 달면 죽여버리겠다는 것이었다.

본보기로 신하들이 간언한 기록을 샅샅이 뒤져 지난날 왕에게 바른말이나 쓴소리한 자들을 추렸다. 날이면 날마다 처참한 국문이 이어졌다. 주리를 틀고, 인두로 지지고, 압슬을 가하며 능상의 경위를 추궁했다.

유학에서는 바른말과 쓴소리가 선비의 곧은 절개에서 나오는 것이라고 가르쳤지만 왕은 믿지 않았다. 실제로는 곧은 선비라는 명성을 얻으려 간언을 빙자해 임금을 쥐고 흔들려 했다는 것이 왕의 생각이었다.

언론삼사로 불리는 사헌부, 사간원, 홍문관은 쑥대밭이 되었다. 1500년에 임금의 잦은 사냥을 간한 전직 홍문관 관원들도 무사하지 못했다. 장순손은 전라도 관찰사로 나가 있다가 의금부에 끌려가서 호되게 곤욕을 치렀다.

왕은 사냥에 대해 누가 먼저 말을 꺼냈는지 알아내려고 했다. 살기등등한 눈빛으로 집요하게 캐물었다. 희생양을 찾으려고 한 것이다. 홍문관 수찬이었던 박은이 능상의 주범으로 몰렸다. 평소 곧은 말을 거침없이 하여 미운털이 박혀 있었다. 박은은 잔혹한 고문을 받고 동래로 귀양 갔다가 처형당했다. 26세의 젊은 나이에 생을 마감한 것이다. 그는 죽기 전에 하늘을 쳐다보고 세 번 크게 웃었다고 한다.

장순손은 다행히 목숨을 건졌지만 부끄럽기만 했다. 결과적으로 앞날이 창창한 젊은이에게 책임을 미루고 살아남은 셈이다. 그는 고향으로 쫓겨나 참회의 시간을 보냈다.

성주에 머무는 동안 마음만은 편했다. 나라에 도가 있으면 나아가 벼슬을 하고, 도가 없으면 물러나 초야에 묻히는 것이 공자의 출처관이다. 그런 의미에서 차라리 잘되었다 싶었다. 임금이 무도한데 나랏일이 무슨 소용이란 말인가. 말 한마디 잘못했다가는 애꿎은 목숨만 날릴 뿐이다.

어쩌다가 또 옥사에 휘말렸을까? 시골에 납작 엎드려 쥐 죽은 듯이 살려고 했다. 도무지 영문을 알 수 없다. 아무리 생각해도 이런 변고를 겪을 이유가 없다. 포승줄에 묶인 죄인은 지난 일을 곰곰이 헤아리며 길을 나섰다. 1506년(연산군 12) 9월 초하루의 일이었다.

누군가에게는 지난 꿈이지만

경상도 성주에서 서울까지는 천릿길이다. 금부도사 이옥은 상주 고을을 지나 문경새재를 넘을 작정이었다. 압송 기한에 맞추기 위해 도사와 나졸들은 길을 서둘렀다. 이달 초열흘까지는 도성에 당도해야 한다.

황금 들녘에는 여기저기 백성들이 가을걷이에 여념이 없었다. 포승줄에 묶여 끌려가는 죄인이 나타나자 잠시 일손을 놓고 구경하기 시작했다. 들판이 술렁거렸다.

장순손은 성주 사람이라면 누구나 아는 명망가였다. 일찍이 조정에 출사하여 홍문관 부제학과 도승지를 지내고 전라도 관찰사에 부임했던 인물이다. 구경꾼 중에는 장씨 집안의 땅을 부쳐 먹는 이들도 끼어 있었다. 대부분 한두 다리만 건너면 일가붙이든 인척이든 마름이든 일꾼이든 압송 죄인과 연이 닿았다. 사람들은 한숨을 쉬며 안타까워했다.

소식을 듣고 나온 양반들은 점잔을 빼면서 멀찌감치 떨어져이 광경을 지켜보았다. 순손은 왕에게 간언을 올린 일로 고초를겪었기에 사대부들에게 잘 알려져 있었다. 절개 있는 선비라고칭송이 자자했다. 하지만 다시 잡혀가면 필시 목숨을 부지하기어려울 것이다. 사대부의 나라 조선이 어쩌다 이 지경이 되었을까? 양반들로서는 망연자실한 순간이었다.

금부도사는 부지런히 걸음을 재촉했다. 일행은 어느새 영남우로에 들어섰다. 낙동강 서편 경상우도 사람들이나 제포, 통영의 왜인들이 한양을 오가는 길이다. 차마 떨어지지 않는 발걸음으로 별티고개를 넘었다. 고갯마루에서 고개를 돌리니 성주 고을의 전경이 한눈에 들어왔다. 아마 다시는 돌아오지 못하리라.이제 가면 영원히 작별이다.

가을 해가 어느새 중천에 떠올랐다. 선선한 바람을 맞으며 2시간쯤 걸어가자 답계역이 나타났다.

도사가 말 2필을 빌리고 나졸들이 양식을 싣는 동안 장순손은휴식을 취하기로 했다. 후원 정자 옆에 곱게 단풍이 든 느티나무가 서 있었다. 죄인이 나무 그늘에 앉자 역리가 포승줄을 잠깐 풀어주었다. 이때 귀에 익은 목소리가 들려왔다.

"영감, 이게 또 무슨 날벼락이오이까?"

답계역 찰방 김식이었다. 무관 출신인 그는 의분을 참지 못해낯이 붉으락푸르락했다. 장순손이 왕명을 받드는 도승지를 지낼 때 겸사복 수문장으로 근무했다. 당시 궁문 경비에 관한 사항을 도승지에게 보고하면서 상하의 의리를 맺은 바 있다.

"노여워하지 마시게. 선비의 명줄이 주상 전하에게 달려 있으니 어쩌겠는가."

순손은 씁쓸한 웃음을 지으며 오히려 옛 수하를 달랬다.

찰방은 씩씩거리다가 문득 한숨을 쉬었다.

"송구합니다. 영감이 공교롭게도 이곳을 지나시니 소생 지난 일이 떠올라 더욱 착잡합니다."

답계역은 성주를 드나드는 나들목이자 금상에게 사화(士禍)의 구실을 제공한 곳이기도 하다. 발단은 50여 년 전으로 거슬러 올라간다.

1457년(세조 3) 10월 점필재 김종직이 밀양에서 경산으로 가다가 답계역에서 하룻밤 묵었다. 점필재는 정몽주의 절의파 학통을 계승한 유학자로 사림의 신망을 얻고 있었다. 당시 벼슬길에 오르지는 않았지만 환대받으며 역에서 숙박했다.

그날 밤 그는 기묘한 꿈을 꾸었다고 한다. 훤칠한 신인(神人)이 칠장을 수놓은 왕세자의 예복을 입고 나타나 하소연했다. 자신은 초나라 회왕의 손자 심으로, 서초패왕 항우에게 살해되어 빈강에 잠겼다는 것이다.

잠에서 깨어난 김종직은 이상한 꿈이라고 생각했다. 꿈속의 사람은 초나라 부흥 세력이 옹립했던 천자, 의제가 분명했다. 그는 정통성을 가진 황제로 진시황 사후에 반진 봉기의 구심점이 되었다. 그러나 군부를 장악한 항우가 패권을 차지하려고 부하들을 시켜 죽여버렸다. 그런 인물이 왜 꿈에 나타났을까?

점필재는 가만히 꿈을 해석해보았다고 한다. 중국의 옛 임금이 아득한 시간과 공간을 뛰어넘어 조선 사람과 감응한 것이다. 시공을 초월하여 군신의 의리를 물은 것이다. 조선의 선비는 답하기로 했다. 의제를 위해 조문의 글을 지은 것이다. 조의제문이다.

이 글은 김일손, 정여창, 김굉필 등 점필재의 문인들에게 전해졌다. 김일손은 사관 시절 이 글을 사관이 기록한 실록의 초고인 사초에 기록하기도 했다. 절의파 학통의 긍지로 삼아 역사에 남기려 했을 것이다. 이 사초가 연산군이 왕위에 오른 지 4년째에 참혹한 사화를 몰고 왔다.

무령군 유자광은 조의제문에 대역무도한 뜻이 담겨 있다고 왕에게 고했다. 의제는 단종을, 항우는 수양대군을 은유하고 있다는 것이다. 중국 고사에 빗대 세조의 집권을 반인륜적인 왕위 찬탈로 매도했다는 것이다. 그럴듯했다.

김종직은 1457년 10월에 이곳 답계역에서 묵고 조의제문을 지었다고 했다. 단종이 영월에서 목 졸려 죽은 시기와 일치한다. 글 속에 의제가 살해되어 빈강에 잠겼다고 했는데, 단종의 시신도 동강에 버려진 것으로 알려졌다.

문신이라면 그 의도가 무엇인지 단박에 알 수 있었다. 세종대왕의 장손으로서 정통 후계자였던 단종의 죽음을 애도한 것이다. 권력에 눈이 멀어 대의명분을 짓밟은 세조를 비난한 것이다. 세조의 증손인 주상이 가만둘 리 없었다. 이미 세상을 떠난 김종직은 대역무도라 하여 부관참시를 당했다. 죽은 자의 관을 부수고 시신을 벤 것이다.

점필재를 따르던 사림파도 혹독한 대가를 치러야 했다. 조의 제문과 세조에 관한 추잡한 풍문들을 사초에 기록한 김일손, 권오복, 권경유는 대역죄로 사지가 찢겨 죽는 극형을 당했다. 이목과 허반은 난언(亂言)을 유포하여 나라에 해악을 끼쳤다는 죄목으로 참수되었다. 정여창, 정희량, 김굉필 등도 붕당을 지었다고 하여 장형을 받고 멀리 유배를 떠났다.

그 이듬해 장순손은 춘추관 편수관이 되어 성종실록 편찬에 참여했다. 사초를 다시 정리하면서 무오사화의 내막을 세세히 들여다보았다. 결과적으로 국왕에게 명분을 쥐어 준 사건이었다. 임금이 권위를 세우고 힘을 휘두를 기회가 생긴 것이다. 사대부들에게는 뼈아픈 일이었다.

무오사화는 단지 한 무리의 선비들이 화를 입는 데에 그치지 않았다. 주상은 폭정으로 치달았다. 국정을 내팽개치고 사냥과 연회에 열중했다. 아랫사람들이 충심으로 간언해도 듣지 않았다. 오히려 임금을 거스른다고 극형을 내렸다. 조정에 공포가 피어올랐다.

하루라도 늦출 수 있다면

장순손은 느티나무 아래 떨어진 붉은 나뭇잎을 들여다보았다. 문득 광기에 물들어 나날이 흉험해지던 주상의 눈빛이 떠올랐다. 자신도 모르게 몸서리쳤다.

김식은 곁에 있는 역리에게 물을 떠오라고 시켰다. 단둘이 남자 그는 죄인에게 다가앉으면서 목소리를 낮춰 말했다.

"호남에 귀양 간 이과와 유빈, 김준손이 지금 격서를 돌리고 있답니다. 머지않아 각지의 수령과 장수들이 호응하여 군사를 일으킬 듯합니다."

"그게 정말이오?"

장순손의 눈에 섬광이 번쩍이며 지나갔다.

김식은 틀림없다며 고개를 끄덕였다. 역참은 교통의 요지일 뿐 아니라 정보가 모이는 곳이기도 했다. 경향 각지의 따끈따끈한 소식들이 빠르게 거쳐 갔다.

"전라감영의 전령이 어젯밤 답계역 근방의 옛길을 지나갔소이다. 경상우도(낙동강 서쪽)로 급히 말을 몰았다고 합니다. 필시 거사를 알리고 동참을 요청하러 갔을 테지요."

유배지 민심이 술렁거린다는 말을 장순손도 얼마 전에 들은 적이 있다. 격서까지 돌린다는 것은 거사가 얼마 남지 않았다는 뜻이다. 그럼 나는 살 수 있을까? 나뭇가지 사이로 햇살이 비집고 들어왔다. 아지랑이처럼 희망이 어른거렸다.

금부도사 이옥이 말을 끌고 나타나자 아지랑이는 홀연히 흩어져버렸다. 장순손은 포승줄에 꽁꽁 묶여 다시 길을 나섰다. 김식이 넌지시 일러준 말이 귓전에 맴돌았다.

"영감, 소생의 말을 명심하세요. 어떻게든 걸음을 늦춰야 하오이다. 한양에 하루라도 늦게 당도해야 살길이 열립니다."

머뭇거리는 속마음을 아는지 모르는지 이옥은 자꾸만 길을 재촉했다. 말 한 필은 금부도사가 올라타고, 다른 말은 나졸들의 짐을 실었다. 가벼운 몸으로 걸음을 서두르자 해가 지기도 전에 부상고개에 이르렀다.

고갯마루에 올라서니 백두대간이 겹겹이 포개져 사방을 에워싸고 있었다. 여기서 서북쪽으로 가면 추풍령이 나온다. 충청도 영동 쪽으로 넘어가는 고갯길이다. 하지만 금부도사는 곧장 북쪽으로 갈 작정이었다. 조령을 넘어 괴산으로 빠지면 도착 일을 하루이틀 당길 수 있기 때문이다.

이옥은 일단 부상고개를 내려가 김산(김천)에서 하룻밤 묵기로 했다. 4시간 정도 더 가야 하는 거리였다. 계속되는 강행군에 나졸들이 지쳤다. 나이 오십 줄에 접어든 장순손은 숨이 턱에 닿을 지경이었다.

"이보게, 좀 천천히 가세. 도성에 닿기도 전에 죄인 숨넘어가겠네."

그러고 보니 해가 뉘엿뉘엿 서산으로 기울고 새털구름은 불그스름하게 물들었다. 한밤의 고갯길은 위험하다. 산적이 숨어 길목을 지키거나 산군(호랑이)이 뛰쳐나오면 낭패다. 금부도사는 나졸들을 풀어 야영할 곳을 찾았다. 누군가 수풀 뒤에서 둥글고 널찍한 바위를 발견했다. 누워서 잠자거나 기대어 눈 붙이기에 편리했다. 습격을 당하더라도 막거나 피하기 좋았다.

밤의 장막이 순식간에 바위 주변을 둘러쌌다. 나졸들은 수풀에 널려 있는 잔가지들을 주워 모아 모닥불을 지폈다. 모두 불 주위에 빙 둘러앉았다. 금부도사와 나졸 다섯, 그리고 죄인까지 7명이었다.

나장이 일어나 말에 실은 주머니에서 음식을 꺼내 왔다. 저두편, 돼지머리 편육이었다. 편육은 길손의 별미다. 삶은 돼지머리를 잘게 썰고 꿀, 장, 후추를 고루 섞어 중탕으로 찐 다음 꾹꾹 누른 것이다.

그들이 새우젓을 얹어 편육을 먹는 동안 장순손은 안절부절못했다. 불빛에 낯이 벌겋게 달아올랐다. 기실 그는 얼굴이 돼지머리처럼 생겼다. 코는 벌렁코이고 턱은 이중턱이며 귀가 축 늘어져 어려서부터 '돼지 대가리'라고 놀림을 당했다.

학업에 정진하여 벼슬길에 오르자 대놓고 놀리는 일은 수그러들었다. 그러나 뒤로는 목소리를 낮춰 수군댄다는 것을 본인도 알고 있었다. 돼지머리는 그래서 금기가 되었다. 밥상이나 술상에 올리는 것은 물론 집안에서 제사를 지낼 때도 쓰지 않았다. 그런데 임금에게 죄를 지어 끌려가는 길에……. 공교롭다고 해야 할까 야속하다고 해야 할까.

나졸들은 편육을 집어먹으며 슬금슬금 눈치를 보았다. 입꼬리가 올라가고 슬며시 키득대는 자도 있었다. 나장이 눈알을 부라리며 부하들을 단속했다.

장순손은 뭔가 석연하지 않다고 생각했다. 단지 얼굴 생김새 때문만은 아닌 것 같다. 혓바닥 아래 비밀을 감추고 있다. 육감이지만 틀림없다. 그는 의미심장한 눈빛으로 금부도사를 바라보았다.

"이번에 가면 나는 목숨을 부지하기 어려울 걸세. 곧 죽을 사람에게 숨길 일이 뭐가 있겠나? 사실을 털어놓게. 내 진짜 죄목이 무엇인가?"

이옥은 단단히 다물고 있던 입을 비로소 열었다.

"구중궁궐의 일이라 소생도 자세한 내막은 알 수 없습니다만 알고 지내는 대전별감에게 대강의 사정은 들은 바 있습니다."

장순손의 '죽을죄'는 기생의 웃음에서 비롯되었다고 한다.

주상은 1504년부터 왕명으로 기녀들을 모집했다. 왕은 화려

한 연회를 즐겼다. 연회의 꽃은 아름답고 재능 있는 여인이다. 조선 팔도에 채홍사를 파견해 기녀들을 뽑았다. 기녀는 고을에서 관리하도록 하되 그중 미모가 출중하고 재주가 뛰어난 여인들은 서울로 데려갔다. 임금이 노래와 춤, 악기 연주에 능한 미녀들을 모은 것이다.

왕은 뽑아 올린 기녀를 직접 심사하고 등급을 나누었다. 등급은 운평, 계평, 속평 등이 있었는데, 제일 우수한 여인들은 흥청이라고 했다. 흥청은 특별관리 대상으로 별궁을 지어 모여 살게 했다. 외간남자와 접촉은 엄격히 금했다. 몰래 정인을 만나다가 걸리면 남녀 모두 죽음을 면하지 못했다. 장순손은 놀랍게도 어느 흥청의 정부로 몰렸다고 한다. 낙향한 전직 관리가 어떻게 궁중 기녀와 정을 통한다는 말인가?

사건의 발단은 어처구니없었다. 보름 전 종묘에서 제사를 지낸 뒤에 벌어진 일이다. 제사에 쓴 고기가 궁중에 들어갔는데, 한 기생이 돼지머리를 보고 까르르 웃었다. 주상이 그 까닭을 물으니 기생은 이렇게 말했다.

"성주 사람 장순손의 얼굴이 돼지머리처럼 생겼습니다. 성주에서는 그 사람을 돼지 대가리라고 부릅니다. 이 돼지머리를 보니 그 생각이 나서 웃음이 터졌사옵니다."

기생의 이름은 능소화였다. 성주 출신의 흥청으로 임금에게 한창 사랑받고 있었다. 능소화는 지난날 성주목사의 연회 자리에서 고을 유지 장순손의 얼굴을 보았다. 돼지 대가리 운운하던 아전들의 뒷담화도 들었다. 궁중에서 돼지머리를 보자 느닷없이 그때 그 얼굴과 별명이 떠오른 것이다.

입이 방정이었다. 우스개로 해본 말이었는데 천만뜻밖에 주상이 격노했다.

"고얀 것! 장순손이라는 놈이 네년의 정부로구나. 여봐라, 어서 가서 순손을 잡아오너라. 그놈의 돼지 대가리를 베어서 제사상에 올릴 것이다."

의금부에 벼락같은 왕명이 떨어졌다. 장순손에게는 마른하늘에 날벼락이었다. 금부도사에게 자초지종을 듣고 그는 고개를 절레절레 흔들었다. 믿기지 않았다. 생판 알지도 못하는 기생의 우스개에 목이 달아나게 생긴 것이다.

장순손은 피어오르는 모닥불을 멍하니 들여다보았다. 불길 속에 어른거리는 비운의 그림자가 그에게 손짓했다. 이대로 순순히 죽을 수는 없다. 제사상의 돼지머리가 되고 싶지는 않다. 마음 한구석에 불꽃이 일면서 타닥타닥 분노가 타올랐다.

새재로 가는 길

이튿날은 동트자마자 강행군이 시작되었다. 금부도사와 나졸들은 부상고개를 내려와 상주로 나아갔다. 임금은 지금 제정신이 아니다. 9월 초열흘까지 도성에 당도하지 못하면 무슨 봉변을 당할지 모른다. 등골을 타고 내려온 두려움이 발걸음을 재촉했다.

한나절 만에 상주목의 속현인 함창에 이르렀다. 들녘의 농부들은 가을걷이에 여념이 없었다. 저마다 수확의 기쁨이 넘쳐야 하건만 표정들이 좋지 않았다. 화려한 연회와 대규모 사냥에 맛을 들인 주상이 그 비용을 대기 위해 세금을 크게 올렸다. 가을걷이라고 해봐야 여기저기 다 뜯기고 나면 입에 풀칠하기도 힘들다.

함창은 예로부터 농사가 발달했다. 삼한시대 저수지 공갈못(공검지)이 천 년 넘게 논밭에 물을 댔다. 대대로 풍요로운 고장이었다. 그러나 지금은 사정이 달라졌다. 백성들은 뺨이 쏙 들어가고 눈이 퀭한 모습이다. 마을 아이들도 꾸부정하고 기운이 없다. 함창이 이 지경이라면 다른 고장이야 더 말할 것도 없으리라.

제사상의 돼지머리 신세가 될 장순손은 피폐한 민생이 남의 일 같지 않았다. 인의를 해치고 백성을 괴롭히는 임금은 필부일 뿐이라는 것이 맹자의 가르침이다. 주상의 학정을 곁에서 지켜보고도 바로잡지 못한 죄, 어찌 크지 않겠는가.

죄인이 후회를 거듭하는 동안 일행은 공갈못 어귀에 당도했다. 갈림길이 나타났다. 오른편 큰길은 영남대로와 합류하여 조령(새재)으로 향한다. 조금 돌아가지만 편한 길이다. 반면 왼편 오솔길은 새재로 가는 옛길이다. 오른편에 비해 호젓하지만 질러갈 수 있다.

금부도사와 나졸들은 내려왔던 길로 돌아가고자 했다. 영남대로 쪽 큰길이다. 장순손은 그러나 오솔길이 눈에 밟혔다. 1485년(성종 16)에 과거 보려고 이 길을 지났다. 20여 년 전이지만 생생하게 기억났다. 아주 기묘한 일을 겪었기 때문이다.

그해 봄에 경복궁에서 열리는 별시 문과를 보려 길을 나섰다. 공갈못 갈림길을 앞두고 널찍한 바위에 앉아 쉬고 있었는데, 어디선가 짐승의 신음이 미약하게 들려왔다. 바위 뒤편의 잡목숲에서 나는 소리였다. 수풀을 헤집어 보니 새끼 고양이였다.

고양이는 금빛 털을 바탕으로 갈색 줄무늬가 나 있고 가슴께는 솜털같이 새하   다. 어미가 주위에 있는지 두리번거렸지만 보이지 않았다. 새끼는 몇 날 며칠을 아무것도 먹지 못한 기색 이었다. 기운이 없는지 모로 누운 채로 고개만 쳐들어 과객을 쳐다보았다.

장순손은 도포 소매에서 미숫가루를 꺼내 호리병 물통에 붓고 흔들었다. 그것을 새끼 고양이의 입에 흘려 넣자 조금씩 받아먹 기 시작했다.

"나비야, 이거 먹고 기운 차리거라."

인정 많은 선비 덕분에 고양이는 자리를 털고 일어났다. 아무 리 작고 보잘것없는 미물일지라도 생명은 사람과 마찬가지로 소중하다. 그는 새끼의 머리를 쓰다듬고 다시 길을 나섰다. 조 금 걷다가 돌아보니 고양이는 어느새 사라지고 없었다.

장순손은 새끼가 움직일 수 있으니 다행이라 여기고 가벼운 마음으로 행보를 이어갔다. 그런데 공갈못 어귀에 이르렀을 때 예의 그 고양이가 또 나타났다. 선비는 의아했지만 반가운 마음 에 녀석에게 다가갔다.

새끼 고양이는 본체만체 홱 몸을 돌려 왼편 길로 사뿐사뿐 걸 음을 옮겼다. 장순손은 나비야, 부르면서 뒤따라갔다. 이상하 다. 거리가 좁혀지지 않는다. 오솔길은 숲속으로 이어지고 고양 이는 나무 그림자에 스며들 듯 홀연히 모습을 감추었다.

혼란에 빠진 선비는 고개를 흔들어 정신을 수습했다. 요망한 짐승에게 홀린 걸까? 그러고 보니 공갈못 갈림길에서 오른편 큰길로 가려고 했는데 본의 아니게 왼편 옛길로 접어들었다. 그는 발걸음을 돌릴까 하다가 마음을 고쳐먹고 길을 계속 갔다. 연을 맺은 새끼 고양이가 안내한 길이다. 고즈넉하여 마음에 들었다.

1485년(성종 16) 별시 문과에서 장순손은 급제의 영예를 안았다. 홍패를 받아들고 보무도 당당하게 귀향길에 올랐다. 도중에 함창현 객사에서 묵었을 때 일이다. 심부름하는 통인에게 소름 돋는 이야기를 들었다. 한 달 전쯤에 공갈못 어귀 갈림길에서 영남대로 쪽으로 향하던 장사치들이 호랑이의 습격을 받았다는 것이다. 힘을 합쳐 간신히 물리쳤으나 부상자가 여럿 나왔다고 한다. 혼자였다면 틀림없이 목숨을 잃었을 터였다.

장순손은 깜짝 놀랐다. 날짜를 계산해보니 그가 새끼 고양이를 구해주고 옛길을 따라 새재로 가던 날이었다. 갈림길에서 만약 큰길로 갔다면 목숨을 부지하기 힘들었을 것이다.

호환을 피한 것도, 어쩌면 과거에 급제한 것까지도 고양이의 보은이라는 생각이 들었다. 은혜 갚음은 고귀한 일이라 아무리 하찮은 미물이라도 하늘을 움직이는 법이다. 운의 흐름을 바꿔 복을 주는 것이다. 그는 이 깨달음을 소중히 간직하고 지금껏 살아왔다.

20여 년이 흘러 장순손은 또다시 그 갈림길 위에 섰다. 오랏줄에 꽁꽁 묶여 생사의 갈림길에 직면했다. 호랑이보다 더 무서운 임금의 광기다. 과연 살길을 찾을 수 있을까? 죄인의 낯빛이 흐려졌다. 가망 없는 일에 매달리는 것 같아 쓴웃음이 새어 나왔다. 이때 수풀에서 작은 짐승 한 마리가 뛰쳐나왔다. 새끼 고양이였다. 금빛 털 색깔에 갈색 줄무늬, 그리고 새하얀 가슴 털까지 놀랍게도 그때 그 고양이와 똑 닮았다. 장순손의 눈이 휘둥그레졌다. 믿기지 않는 일이었다.

고양이는 그를 힐끗 쳐다보고는 등을 돌려 왼편 옛길로 넘어갔다. 그 행동이 무엇을 의미하는지 압송 죄인은 알아차렸다.

"여보게, 기왕이면 이 길로 가는 게 어떻겠나?"

오솔길을 가리키며 장순손이 말했다.

금부도사는 차갑게 고개를 저었다.

"길은 작정한 바 있으니 죄인은 참견하지 마시오."

순손은 물러서지 않았다.

"이쪽이 지름길일세. 이 길이면 새재까지 반나절은 당길 수 있어."

도사는 내색하지 않으려고 했지만 솔깃한 표정이었다. 압송 기한도 있거니와 날이 어두워지기 전에 역참에 도착하고 싶었다. 순손이 그 기색을 읽고 덧붙였다.

"오래전에 내가 과거 보러 갈 때 이곳에서 고양이가 왼편 길로 가는 것을 보고 쫓아갔다네. 나중에 알고 보니 그날 오른편 길로 갔다면 호환을 당할 뻔했지. 오늘 다시 고양이가 나타나 길을 알려주었으니 유념해야 할 것이네."

장순손은 금부도사에게 그해의 일을 들려주었지만 도사는 새끼 고양이의 보은을 납득하지 못했다. 논어에 공자는 괴력난신에 대해 말하지 않는다고 했다. 괴력난신은 괴이와 용력, 문란과 귀신을 말한다. 유자(儒者)는 현실에서 벗어나 불가사의한 존재나 현상에 혹해서는 안 된다는 가르침이다.

이옥은 1501년에 출사한 젊은 문신이다. 연산군이 왕위에 오른 지 7년이 되는 해였다. 아직 경험이 부족한 데다 고지식한 면이 있다. 유자로서 성현의 가르침을 곧이곧대로 받들고자 한다. 장순손이 들려준 이야기는 오히려 역효과를 냈다. 노회한 죄인이 간교한 말로 자신을 현혹하려 한다고 오해한 것이다. 경계심을 품는 기색이 역력했다.

금부도사는 보란 듯이 오른편 큰길로 가겠다고 했다. 압송 죄인은 낭패감에 쓴웃음을 지었다. 실낱같은 기대마저 사그라들고 있었다. 이때 나장이 슬그머니 도사에게 다가갔다.

"조짐이라는 게 가볍게 볼 일은 아닙니다. 하찮은 미물일지라도 살펴야 할 것입니다."

나장은 나이가 지긋하고 눈매가 가느스름하여 꽤 신중해 보였다. 나졸들이 따르는 것으로 보아 신망도 두터운 듯하다. 금부도사 또한 떨떠름해하면서도 그의 말을 무시하지 못하는 눈치다. 나졸들과 눈빛을 교환하며 잠시 뜸을 들인 뒤에 나장이 다시 한번 권유했다.

"지금 나라가 어수선합니다. 압송할 때 사람들의 이목을 끌어 좋을 게 없습니다. 행인이 많은 큰길보다 호젓한 길이 낫지 않겠습니까?"

　민심이 예사롭지 않다는 것은 금부도사 이옥도 알고 있었다. 시간이 늦어져 밤중에 대로를 걷다가 무뢰배의 습격이라도 받는다면 큰일이다. 결국 압송 행로가 바뀌었다. 지름길인 왼편 오솔길을 따라 새재로 나아간 것이다. 그것이 목숨을 구하는 선택임을 그들은 모르고 있었다.

바람은 더 가까이 오고 있다

　같은 시각 20여 리쯤 떨어진 듬대산에서는 한 무리의 복면인이 민첩하게 산등성이를 타고 내려왔다. 도로변 수풀에 이르자 수장인 듯한 사내가 두리번거리며 지형을 살피더니 커다란 바위를 발견하고 말했다.

　"저 바위 뒤에 매복하고 있다가 압송 행렬이 지나가면 덮친다. 알겠느냐?"

　복면인들은 바위 뒤로 돌아가 몸을 숨기고 복면을 벗었다. 답계역 찰방 김식과 역리들이었다.

　전날 장순손을 떠나보내고 김식은 뜬눈으로 밤을 지새웠다. 돼지머리를 닮은 얼굴 생김새 때문에 이런 일이 벌어졌다는 것을 뒤늦게 전해 들었기 때문이다. 지게문에 옥색 여명이 번져나갈 때 그는 결심을 굳혔다.

　'주상이 사리분별을 완전히 잃었으니 쫓겨날 날이 얼마 남지

않았다. 그렇다면 장 감사가 개죽음당할 이유도 없지 않은가.'

김식은 아침 일찍 직속 부하들을 내아로 불러들였다. 겸사복 수문장 시절부터 생사고락을 함께해온 갑사들이다. 2년 전 찰방으로 부임할 때 역리 자리를 주고 데려왔다. 그들은 머리를 맞대고 장순손 구출 작전을 세웠다.

찰방은 지방의 민정을 살펴 국왕에게 직보하는 업무도 맡고 있었다. 김식은 민정 시찰을 명목으로 부하들을 대동하고 역참을 빠져나왔다. 압송 행렬을 앞지르기 위해 산 넘고 물 건너 발 빠르게 움직였다. 의금부 관원들에게 칼을 쓸 수는 없으니 저마다 쇠도리깨나 박달나무 곤봉을 하나씩 지참했다.

구출 작전을 벌일 곳으로는 문경현 입구에 자리한 감바우를 점찍었다. 상주 쪽에서 영남대로로 들어서려면 듬대산 아래 감바우 앞을 지나야 했다. 큰 바위라 여럿이 모습을 감추기에 좋고 도로와 잇닿아 있어 덮치기도 편하다. 구출하는 즉시 산으로 달아나면 되니 퇴로도 염려할 필요 없다.

압송 행렬은 좀처럼 나타나지 않았다. 해가 뉘엿뉘엿 기울어 어느덧 땅거미가 지고 있는데 감감무소식이다. 등짐을 진 장사치와 수레 끄는 농사꾼들만 드문드문 지나갈 뿐 금부도사는 코빼기도 보이지 않는다.

'공무로 서울을 오가는 자들은 대개 이 길을 거치는데 어찌 된 일까?'

김식은 노을이 곱게 물든 서편 하늘을 바라보며 초조한 마음을 달랬다. 그때 영남대로 쪽에서 먼지가 뭉게뭉게 일면서 말발굽 소리가 들려왔다.

이윽고 관원으로 보이는 사내 셋이 말을 타고 감바우 아래로 쏜살같이 지나갔다. 녹색 관복을 입고 붉은 관모에 깃털을 꽂은 것으로 보아 선전관들이 분명하다. 왕의 시위이자 전령으로서 왕명을 전하거나 직접 시행하는 무관들이다. 셋 중에서 선두에 선 인물은 낯익다.

"저자는 가무치가 아닙니까?"

김식의 심복 조봉달이 말 탄 이의 용모를 살펴보더니 소름 돋는 이름을 꺼냈다.

가무치는 귀화한 여진인으로 활솜씨와 기마술이 뛰어나 국왕을 호위하는 무예별감이 되었다. 주상에게 무조건 충성하여 시키는 일은 무엇이든 했다. 민간인 출입이 금지된 임금의 사냥터에 길 잃은 백성이 들어오면 달려가 서슴없이 베었다. 왕명으로 손에 피 묻히는 일이 많아 세간에 도살자로 악명을 떨쳤다.

궁궐을 수비하는 겸사복 갑사들은 그의 생김새를 알고 있었다. 그 선전관이 가무치라면 심상치 않다고 김식은 생각했다. 주상은 변덕이 심하다. 노기가 치솟으면 죄인을 압송하는 도중에 사람을 보내 목을 베기도 했다.

만약 가무치가 장순손을 베려고 내려왔다면 어떻게 대처해야 할까? 궁리를 거듭하던 김식은 유곡역으로 가서 방도를 찾아보기로 했다. 유곡역은 영남 사람들이 서울로 갈 때 새재를 넘기

전에 머무는 곳이다. 서울에서 온 사람들이 새재를 넘어 영남 각 고을로 흩어지기 전에 묵는 곳이기도 하다. 새재와 함께 영남과 한양도성을 잇는 교통의 중심축이다.

김식은 유곡역으로 가서 아까 그 선전관들에 대해 알아볼 작정이었다. 그들은 분명히 그 역참에서 말을 바꿔 탔을 것이다. 직접 가서 소임이 무엇인지 확인할 필요가 있다. 압송 행렬 또한 큰길로 오지 않았다면 옛길을 따라 유곡역에 이를 것이다. 장순손을 구출할 방도 역시 그곳에 가서 찾아보는 수밖에 없다.

그는 부하들과 함께 서둘러 유곡역으로 떠났다.

그래도 살아야 할 날들이라면

　유곡찰방 최치수는 원래 개장수였다. 한양 시전에서 무뢰배와 어울리다가 운 좋게 궁궐에서 사냥개의 훈련을 담당했다. 주상은 사냥에 쓸 목적으로 창덕궁 후원에서 개와 매를 기르도록 했다. 최치수는 누구보다 개들에게 정성을 쏟아 임금의 신임을 얻었다.

　개 서낭당은 출세의 발판이었다. 그는 상주목의 속현인 문경 태생이다. 문경에는 주인을 구한 의리 있는 개를 서낭신으로 받든 당집이 있다. 최치수는 이를 본떠 창덕궁 후원에 개 서낭당을 만들고 국왕을 따르는 개들의 의리를 기렸다. 덕분에 그는 주상에게 크게 치하 받고 지난봄에 유곡역 찰방으로 부임했다. 일개 개장수였던 자가 종육품 찰방이 되어 교통 요지를 관장한 것이다.

　9월 초이틀 저녁 무렵에 죄인 장순손의 압송 행렬이 역참에 당도했다는 보고를 받자 최치수는 고개를 갸우뚱했다. 이는 왕명이 거행되지 않았다는 뜻이기 때문이다.

그날 오후에 도성에서 온 선전관들이 유곡역에서 말을 바꿔타고 갔다. 무예별감 가무치가 직접 내려온 것을 보고 유곡찰방이 반갑게 맞이했다. 두 사람은 국왕의 신임을 받으며 궁궐에서 함께 일했기에 친분이 있었다. 가무치는 최치수에게 왕명을 살짝 귀띔했다.

주상은 도살자에게 '돼지 대가리'를 베어 오라는 명령을 내렸다. 장순손의 압송을 기다리지 못하고 어서 목을 가져오라고 한 것이다. 최치수는 혀를 끌끌 찼다. 기생이 우스개로 해본 소리로 고향에 중도부처 된 신하를 정부로 몰아 참하겠다니…….

그에게 왕명은 지엄했다. 임금이 무소불위의 권력을 거머쥐지 않았다면 한낱 개장수였던 자기가 천여 명의 역리와 역민을 거느릴 일은 결코 없었을 것이다. 꿈도 꾸지 못할 일이 아닌가. 최치수는 부당한 왕명이라도 올바로 거행될 수 있도록 돕는 것이 주상에게 하해와 같은 은혜를 입은 자신의 본분이라고 믿었다.

유곡찰방은 금부도사 이옥에게 연통해 내아로 불러들였다.

"주상께서 선전관을 보내셨는데 길이 엇갈렸나 보오. 압송할 것 없이 죄인의 목을 베어 오라는 어명이오. 금부도사는 이곳에서 선전관을 기다리시오."

이옥은 언짢은 기색이 역력했다. 지방 역참의 찰방이 의금부 도사에게 이래라저래라 하는 것이 못마땅했다. 같은 종육품이라도 그는 과거를 보고 조정에 출사한 문신이다. 천한 개장수 따위가 압송하지 말고 대기하라고 하니 부아가 치밀었다.

"선전관에게는 선전관의 소임이 있고, 금부도사에게는 금부도사의 소임이 있소. 압송 중단은 아니 될 말이오. 내일 날이 밝는 대로 출행하여 새재를 넘을 것이오."

의금부 일에 관여하지 말라는 말이다. 유곡찰방의 벙찐 표정을 뒤로하고 금부도사는 처소로 돌아갔다.

그날 밤 의금부 관원들이 묵는 처소에 복면 괴한들이 숨어들었다. 뒷담을 넘어 살금살금 곡간 쪽으로 다가갔다. 곡간에는 압송 죄인 장순손이 갇혀 있었다.

나졸 2명이 문밖에서 지키고 있었지만 방금 곯아떨어졌다. 좀 전에 웬 들병이가 나타나서 생글생글 눈웃음치며 탁주를 부어 주었는데, 한 잔씩 마시고 나니 졸음이 쏟아진 것이다. 괴한 중 하나가 나졸의 허리춤에서 열쇠를 찾아 곡간 문을 열었다.

"영감, 소생입니다. 어서 나가시지요."

답계역 찰방 김식이었다. 그는 유곡역에 도착하자마자 탐문하여 선전관들이 장순손의 목을 베러 왔다는 사실을 파악했다. 압송 죄인이 갇힌 곳을 알아내고 주막에 묵는 들병이를 시켜 나졸들에게 약 탄 술을 먹인 것도 그이였다.

장순손은 목에 칼을 쓴 채로 김식과 부하들을 따라나섰다. 그들은 검푸른 밤안개에 몸을 감추고 새재로 향했다. 의금부 관원들은 죄인이 도망친 것을 알아채면 길을 되짚어 추적할 것이다.

김식은 거꾸로 서울 방향으로 가야 저들을 따돌릴 수 있다고 생각했다.

문경새재는 조령산과 주흘산 사이로 백두대간을 넘어가는 고갯길이다. 영남 선비들은 과거 보러 갈 때 대부분 이 고개를 넘는다. 문경은 경사를 듣는다는 뜻이고 새재, 즉 조령은 새처럼 비상하는 고개라고 해석할 수 있다. 과거에 급제하여 높은 벼슬에 오르고자 하는 선비에게 좋은 운을 가져다줄 것만 같은 이름이다. 반면 죽령은 죽을 쑬까 봐 선비들이 꺼리고, 추풍령은 추풍낙엽처럼 떨어질까 봐 피한다.

장순손도 젊은 시절 문경새재를 넘어 과거 보러 갔다. 20여 리 고갯길을 하염없이 걷다 보면 서낭당과 돌탑이 나타난다. 선비들은 이곳에서 과거급제를 빌며 돌을 얹는다. 장순손도 천지신명에게 빌었다. 유자로서 조정에 출사하여 성현의 가르침을 펼치고 절의를 떨치게 해달라고 간절히 기도했다.

훗날 목에 칼을 쓰고 허겁지겁 문경새재를 넘을 줄 그때는 몰랐다. 이렇게 죽을 수는 없다. 죽더라도 자신을 돌보지 않고 나랏일에 매달리다가 죽어야 한다. 포악한 임금에게 목숨 걸고 바른말을 하다가 죽어야 한다. 돼지머리를 닮은 얼굴 생김새 때문에 기생의 정부로 몰려 개죽음당할 수는 없다. 선비에게 죽음은 의로운 삶의 완성이어야 한다. 장순손은 선비답게 죽고자 살길을 찾아 나섰다.

낡은 하늘은 무너지고

　시간은 어느새 삼경(밤 11~1시)에 접어들었다. 한 무리의 사내가 인적이 끊어진 새재 길을 부지런히 걷고 있다. 교교한 달빛이 어둠의 장막을 걷어내며 밤을 은은하게 밝힌다.

　김식과 수하들은 복면을 벗어버렸다. 뒤쫓는 자들이 없는 것으로 보아 일단 의금부 관원들은 따돌린 듯싶다. 장순손은 숨이 턱까지 차올랐다. 연장자인 데다 목에 칼을 쓰고 걸어서 더욱 힘이 든다.

　"여기서 한숨 돌리고 가시지요."

　길눈이 밝은 조봉달이 넓고 평평한 바위를 가리켰다. 잠시 쉬는 동안 그는 단검으로 장순손의 형틀을 반복해서 찍어냈다. 이윽고 자물쇠가 떨어지고 목에 쓴 칼이 벗겨졌다.

　"가만! 저게 무슨 소리지?"

　김식이 땅바닥에 엎드려 귀를 갖다 댔다. 말발굽 소리가 저 멀리서 울리고 있다. 어느새 추적의 그림자가 따라붙은 것이다.

"소생들이 이곳에서 시간을 벌 테니 두 분은 가까운 조령원으로 가시지요."

조봉달은 다시 복면을 쓰고 동료들과 함께 바위 뒤에 몸을 숨겼다. 도적으로 위장해 추적자들을 가로막을 심산이었다.

김식과 장순손은 조령원으로 달려갔다. 조령원은 새재를 넘나드는 나그네들의 숙소인데, 여기서 멀지 않다. 원내 마구간에는 필시 말이 있을 것이다. 어떻게든 말을 빼내 충청도 쪽으로 달아나는 것이 살길이다.

곧이어 추적자들이 모습을 드러냈다. 의금부 관원도 선전관도 아니다. 뜻밖에도 유곡찰방 최치수와 역리들이다. 금부도사 이옥이 선전관을 기다리라는 권유를 듣지 않자 최치수는 사람을 붙여 압송 죄인의 처소를 감시했다. 복면 괴한들이 죄인을 빼내 도망갔다는 한밤의 급보에 역리들을 소집해 쫓아온 것이다.

바위 뒤에서 도적으로 위장한 김식의 부하들이 뛰쳐나와 길을 가로막았다. 쇠도리깨와 육모방망이가 맞부딪치며 격투가 벌어졌다. 싸움은 쉽게 결판나지 않았다. 유곡역 역리들이 숫자는 훨씬 많았으나 겸사복 무술 교관을 지낸 조봉달이 부하들을 독려하여 효과적으로 막아냈다. 개장수 출신 최치수가 환도를 휘두르며 위협했지만 그에게는 역부족이었다.

이때 보이지 않는 어둠 속에서 홀연히 애기살이 날아와 조봉달의 왼쪽 어깨를 꿰뚫었다. 선전관 가무치가 말 타고 달려오며 각궁에 대롱을 당겨 쏜 편전이었다. 족히 300보가 넘는 거리였지만 명중했다. 그 뒤로 금부도사 이옥의 모습도 보였다. 도망친 장순손을 붙잡으려고 길을 되짚어 내려가다가 거꾸로 올라온 선전관들을 만나 말머리를 돌린 것이다.

가무치는 질풍같이 달려와 편곤으로 조봉달을 타격했다. 편곤은 쇠도리깨와 철곤을 사슬로 연결한 그의 전매특허 무기다. 말 타고 내리치면 중력, 속도, 원심력이 모두 실려 위력이 무시무시하다. 조봉달은 까무러치며 저만치 나가떨어지고 말았다.

최치수네가 남아 있는 김식의 부하들을 제압하는 동안 가무치와 이옥은 관원들과 함께 앞으로 달려나갔다. 한편 조령원에 잠입한 장순손과 김식도 말 2필을 빼내 새재 길을 내달렸다. 어둑새벽부터 새재에서 쫓고 쫓기는 추격전이 벌어졌다.

생사의 갈림길에서 장순손은 오히려 머리가 맑아지고 마음이 평안했다. 오르막길과 내리막길, 곧은길과 굽이 길, 험준한 길과 평탄한 길이 번갈아 나타났다가 아스라이 사라진다. 인생길과 너무나 닮았다고 그는 생각한다. 저승사자들은 어느새 등 뒤에 바짝 따라붙었다. 이제 막다른 길이다. 삶의 길이 여기서 끝나는 것일까? 저 멀리 신기루처럼 정자 하나가 눈에 어른거린다. 이 순간을 기다렸다는 듯이 희뿌연 여명이 밝아온다.

뿌우우, 어딘가에서 울려 퍼지는 뿔나팔 소리. 장순손은 눈을 가늘게 뜨고 하늘과 길이 맞닿은 선으로 눈길을 보냈다. 죽을 때가 되니 환영이 보인다. 지엄한 하늘이 무너지고 있다. 새로운 시대가 우렁차게 오고 있다.

가만 보니 사람의 형상이었다. 붉은 관모를 쓴 자들이 녹색 관복을 나부끼며 말 타고 달려왔다. 국왕의 특명을 전하는 선전관들이다. 한둘이 아니라 떼로 몰려오고 있다. 장순손과 김식은 짚이는 바가 있어 말을 멈춰 세웠다. 공교롭게도 교귀정 앞이다. 새로 부임하는 경상도 관찰사와 전임 관찰사가 공식적으로 관인을 인수인계하는 곳이다. 낡은 것과 새로운 것이 교차하는 장소인 셈이다. 두 사람은 정자 앞에 엎드려 고개를 숙였다.

뒤이어 가무치와 이옥, 의금부 관원들이 달려왔다. 가무치는 말에서 내리자마자 주상의 명을 시행하기 위해 환도를 뽑는다. 하지만 장순손의 목을 벨 수는 없었다. 금부도사가 막아선 것이다. 이옥도 무엇인가 감지했다.

이윽고 선전관들이 교귀정에 이르렀다. 선임자가 돌계단을 밟고 정자에 올랐다.

"근년에 임금이 도리를 잃어 백성이 도탄에 빠졌다. 어두운 임금을 폐하고 밝은 임금을 세우는 것은 고금에 통하는 의리이니, 이에 진성대군을 왕위에 오르게 하고 임금은 폐하여 연산군으로 삼는다. 이로써 백성의 생명이 끊어지려다가 다시 이어졌으며, 종묘와 사직이 이미 위태했다가 다시 편안해졌다."

폭군을 폐하고 새 임금을 옹립한다는 대비의 교지였다. 경상 감사의 교인처에서 새로운 시대가 왔음을 선포한 것이다. 김식은 어린아이처럼 기뻐했다. 울다가 웃다가 눈물범벅이 되었다.

그러고는 세 번 발 구르고 꿇어앉아 천세 삼창을 외쳤다.

"천세, 천세, 천천세!"

이옥과 의금부 관원들도 입을 모아 외쳤다.

"천세, 천세, 천천세!"

장순손은 엎드린 채로 어깨를 들썩이며 울었다. 역(易)의 시간
이 도래하고 우주의 기운이 바뀌어 목숨을 구한 것이다. 무도한
하늘이 무너지고 새로운 시대가 와서 살길이 열린 것이다.

운수 좋은 날이다. 돼지머리가 되어 제사상에 올라가는 비운
이 들고양이의 보은에 힘입어 목숨을 구하는 행운으로 바뀌었
다. 공갈못 갈림길에서 오른쪽 큰길로 갔다면 이미 목이 날아갔
을 테지만 왼쪽 오솔길로 간 덕분에 새로운 세상과 조우했다.

선전관들은 다시 말을 타고 영남 각 고을로 쏜살같이 달려갔
다. 새재 길을 따라 뿔나팔 소리도 달려나간다.

뿌우우, 뿌우우.

※ 중종반정 직후 경상도 관찰사를 지낸 장순손은 순탄하게 벼슬길을 걷
다가 1533년 영의정에 오르고 이듬해 82세의 나이로 세상을 떠났다.

삼대장

거사의 순간

"머뭇거리다간 다 죽는다. 지금이 바로 결행할 때다."

박원종은 소매를 떨치고 일어나 곧장 훈련원으로 향했다. 고리 모양의 철사를 엮은 은빛 쇄자갑이 말발굽 소리에 맞춰 찰랑거린다. 수하들도 활집과 화살통을 둘러매고 발 빠르게 주군의 뒤를 따랐다.

1506년(연산군 12) 9월 초하루 한양도성에서 심상치 않은 일이 벌어졌다. 평성군 박원종이 번쩍거리는 갑옷을 차려입고 운종가를 지나자 뜨거운 시선이 쏟아졌다. 저자에 늘어선 행인들이 목을 빼고 구경했다. 여리꾼과 왈짜들도 시전에서 몰려나왔다. 저이가 뭘 하려는 걸까? 불온한 술렁거림이 사방으로 번져나갔다.

박원종은 1467년(세조 13) 이시애의 난을 토벌하고 병조판서에 오른 박중선의 아들이다. 명문세족 출신에 담력이 세고 풍채가 좋아 젊은 시절부터 따르는 자가 많았다. 무과에 급제한 뒤로는 성종대왕의 총애를 받으며 조정에서 승승장구했다. 지금 주상 밑에서도 순탄한 길을 걸었다. 승지를 거쳐 동지중추부사를 지내고 평성군에 봉해졌다. 그런데 지난 2월 돌연 관직에서 쫓겨나고 말았다. 경기도 관찰사로 나가 임금에게 올린 장계가 화근이었다.

> 김포, 통진의 강가에 사는 백성들은 수로를 잘 알고 있어 배로 물건을 운반하는 데 능합니다. 이곳을 금표 안에 넣고 민가를 몰아내면 도적이 생길 뿐 아니라 능숙한 선원이 없어 세곡과 공물을 실어 나를 배가 뒤집힐까 염려됩니다.
>
> — 《연산군일기》 1506년 2월 9일

주상은 도성으로부터 사방 100리에 금표를 세우게 하고 그 안쪽을 사냥터로 삼았다. 고양, 양주, 광주 등 도성 인근 군현들은 폐지되었으며 주민들은 생업을 잃고 쫓겨났다. 왕은 빈 땅을 풀밭으로 만들고 짐승을 풀어 기르도록 했다. 기름진 땅은 왕실 재산을 관리하는 내수사의 종들을 투입해 경작하게 했다. 사실상 국왕 사유지로 만든 것이다.

민간인은 출입금지였다. 무단으로 금표 안에 발을 들이면 목을 베어 조리를 돌렸다. 본래 살던 사람들은 떠돌아다니다가 굶주림과 추위에 지쳐 목숨을 잃기 일쑤였다. 오갈 데 없고 기댈

곳 없는 이들의 시신이 길에 즐비했다.

쫓겨난 백성들이 죽어 가는데도 왕은 아랑곳하지 않았다. 오히려 금표를 사방으로 물려 금단의 땅을 늘리려 했다. 신하들이 간해야 할 일이었지만 대신과 승지, 대간(사헌부 대관과 사간원 간관)과 낭관(정랑과 좌랑)들은 맞장구치기에 급급했다. 임금에게 바른말을 하다가는 목숨을 부지하기 힘들다는 것을 아는 까닭이다.

1504년 갑자사화 이후 주상은 명을 거역하거나 거슬리는 말을 한 신하들을 닥치는 대로 죽였다. 처형 방법도 극악했다. 가슴을 빠개고 배를 가르고 마디마디 잘랐다. 뼈를 바르는 것도 모자라 뼛가루를 바람에 날렸다. 그래도 분이 풀리지 않으면 부모, 자식, 형제까지 고문하고 살육하고, 남은 자들은 노비로 만들었다.

이런 공포 분위기에서 감히 간언을 입 밖에 꺼낼 수 있을까? 아무리 간 큰 신하라도 폭군에게 바른말을 하기는 힘들다. 박원종의 장계는 그래서 장안의 화제가 되었다. 이 시국에 감히 주상이 벌이는 일에 토를 단 것이다. 하물며 국왕이 사심을 갖고 밀어붙이던 금표에 관해서였다.

경기도 관찰사 박원종은 김포, 통진이 금표 안에 들어가면 물길을 잘 아는 자들이 쫓겨나 임금에게 바칠 공물과 세금이 축날 것이라고 아뢰었다. 백성들이 쫓겨난 땅에 도적이 숨어드는 것도 문제였다. 그러니 빼달라는 말이다. 왕은 못마땅하게 여기면서도 꾹 참고 간언을 받아들였다. 맞는 말이기도 했지만 그것이 전부는 아니었다. 바른말, 쓴소리 자체를 능상, 즉 임금을 능멸하는 것으로 간주하는 폭군이다. 원래는 뼈도 추리지 못할 간언이었지만 살려주었다.

박원종의 큰누이인 승평부대부인 박씨 덕분이었다. 박원종에게는 누이가 4명 있었는데, 모두 왕족이나 으뜸가는 명문가에 시집갔다. 큰누이 박씨 부인은 월산대군 이정의 처였다. 월산대군이 성종대왕의 친형이니 주상에게는 큰어머니다.

주상은 원자 황의 보육을 일찍이 승평부대부인에게 맡겼다. 박씨 부인은 원자를 자신의 집으로 데려가 자식같이 돌보았다. 황이 세자에 책봉되어 경복궁에 거처한 뒤에도 수시로 입궁하여 보필했다. 부인의 자애로운 보살핌 속에 세자 황은 왕의 재목으로 의젓하고 반듯하게 자랐다. 후계자를 훌륭하게 키워주는 집안 어른이 얼마나 고맙겠는가. 주상이 비록 안하무인이었지만 박씨 부인만은 깊이 신뢰하고 깍듯이 받들었다. 박원종이 거슬리는 말을 해도 관대하게 받아들인 이유다.

문제는 박원종의 간언이 계속되었다는 것이다. 2월 하순에 왕이 광릉산에서 대대적인 몰이사냥을 벌였다. 조준방(매와 개를 기르며 국왕의 사냥을 돕던 곳)에 소속된 군사 만 명과 병조에서 뽑은 군사 3만 명이 몰이꾼으로 동원되었다. 박원종 또한 인솔 장수로 부름을 받았는데, 도중에 왕에게 아뢰었다.

개성부에 명하여 몰이꾼을 뽑아 왔고, 각 역참의 말도 많이 끌
고 왔습니다. 다만 중국 사신이 입국하기로 한 때가 닥쳐오는
데 어떻게 처리하오리까?

- 《연산군일기》 1506년 2월 26일

명나라 사신의 입국은 외교적인 중대사였다. 사신이 개성부
에 이르면 경기도 관찰사는 군마를 거느리고 위엄 있게 사신을
맞이하여 한양으로 인도해야 한다. 이런 때에 군사와 말을 모두
사냥에 차출하다니 있을 수 없는 일이었다.

완곡하게 말하기는 했지만 주상의 처사에 의문을 표한 것이
다. 돌려서 비판한 셈이다. 왕도 이를 알아채고 노여워했다. 앞
서 간한 금표의 일까지 끄집어내며 지극히 옳지 못하다는 전교
를 내렸다. 박원종은 벼슬과 작위를 잃고 근신하는 처지가 되었
다. 당장은 중형을 면했지만 왕의 기질상 언제 또 벼락이 떨어
질지 모르는 일이었다.

폭군의 노여움을 산 일이 반드시 재앙이었던 것은 아니다. 왕
이 언로를 틀어막고 공포정치를 펴는 바람에 조정에는 허수아
비들만 가득했다. 대소신료들은 폭군에게 입도 벙긋하지 못하
고 비겁하게 보신에 몰두한다고 욕먹었다. 반면에 용감하게 간
언하다가 낙마한 박원종은 세간의 관심을 끌며 의롭다는 평판
을 얻었다.

관심과 평판이 때를 잘 만나 풍운을 일으키기도 한다. 1506

년 9월 초하룻날 그가 수하들을 거느리고 길을 나서자 술렁술렁 도성의 공기가 달라졌다. 가혹한 노역과 수탈에 지쳐 쓰러지던 백성들의 숨결이 뜨거워졌다. 폭군의 패륜과 살육에 치를 떨던 사대부들이 촉각을 곤두세웠다. 이제 막 불혹에 접어든 사내에게 도성의 이목이 집중된 것이다.

박원종의 무리가 훈련원에 당도한 것은 유시(오후 5~7시) 무렵이었다. 낙산 너머로 해가 뉘엿뉘엿 기울며 어느새 땅거미가 내려앉았다. 산머리를 뒤덮은 새털구름은 보랏빛으로 물들고, 도성을 에워싼 성벽에는 어둑한 그림자가 드리운다.

심순경이 긴장된 얼굴로 문밖에 나와 박원종을 맞이했다. 훈련원에서 판관과 첨정을 지내며 잔뼈가 굵은 무관이다. 박원종과는 배짱이 맞아 허물없이 지낸다. 거사에 대해서도 진즉 흉금을 털어놓고 함께하기로 했다.

"훈련원 갑사들은 어찌되었소?"

말에서 내리며 박원종이 물었다. 말투가 침착하고 행동거지는 굳세다. 심순경은 눈을 부릅뜨고 고개를 끄덕였다.

"염려하지 마시오. 이미 뜻을 모았소이다."

단호한 결의가 흐른다.

마당에는 철찰갑을 갖춰 입은 일단의 병력이 늠름하게 대오를 짓고 있었다. 훈련원 주력부대는 도성 밖에 주둔하고 있지만, 일부 병력은 임금의 몰이사냥에 동원하려고 성안에 들였다. 이제 저들이 폭군을 사냥하기 위해 출동할 것이다.

지휘 막사로 들어선 박원종은 성큼성큼 대청에 올라갔다. 대청에는 둥그렇게 자리가 마련되어 있다. 그는 스스럼없이 수좌에 앉아 부채를 꺼내 들었다. 중앙에 커다란 탁자가 놓이고 도성과 궁궐 지도가 펼쳐진다. 거사가 첫걸음을 내딛는 순간이었다. 폭풍우가 몰려오고 있었다.

누가 어떻게 나설 것인가

전 이조참판 성희안이 모습을 드러낸 것은 날이 저물고 나서였다. 옥골선풍의 선비가 발밑으로 조족등을 비추면서 훈련원안으로 들어섰다. 샌님 같아 보이지만 사실 그는 이 거사의 출발점이었다. 달포 전에 6살 아래인 박원종을 찾아가 폭군을 몰아내야 할 때가 왔다고 운을 띄운 것이다.

성희안은 1485년(성종 16) 별시 문과에 급제하여 국왕의 자문기관인 홍문관에 들어갔다. 나이는 젊지만 학문이 깊어 성종대왕이 많은 자문을 구했다. 박원종도 선전내승으로서 국왕의 곁을 지키고 있을 때다. 두 사람은 성종의 총애를 받으며 지척에서 일했다. 문관과 무관의 구별은 엄연했지만 대왕을 섬기는 충심만은 다르지 않았다.

성종대왕의 아드님인 주상에게 바른말을 하다가 미운털이 박힌 것도 닮은꼴이다. 한 해 전 이조참판 성희안은 왕이 망원정에서 베푼 연회에 참석했다가 미움을 샀다. 임금이 내린 시제에 맞춰 시를 지어 올렸는데 그만 심기를 건드린 것이다.

　임금은 본래 청류를 좋아하지 않는다.

– 이자, 《음애일기》

　여기서 청류(淸流)는 맑은 선비를 일컫는다. 성희안은 시를 빌려 임금이 절의 있는 선비를 가까이하지 않는다고 간한 것이다. 폭군은 자기를 비난하는 글이라며 펄펄 뛰었다. 하지만 자신이 낸 시제로 지은 시를 갖고 신하를 벌주기는 애매했다.

　왕은 단단히 벼르고 있다가 2달 후 아차산에 사냥을 나갔을 때 앙갚음했다. 성희안이 이조참판으로서 우상대장을 맡는데 몰이에 실패하자 군사를 잘못 통솔한 죄를 물은 것이다. 성희안은 의금부로 끌려가서 국문을 받고 장 100대를 맞았다. 더는 조정에 그가 설 자리는 없었다.

　해가 바뀌어 1506년(연산군 12)이 되자 도성이 술렁거리기 시작했다. 폭군이 궁궐 주위에 돌성을 쌓는다며 민가를 철거하는 바람에 많은 주민이 집을 잃고 쫓겨났다. 세금으로 양식까지 빼앗기고 크고 작은 부역에 지친 백성들이 길가 여기저기 쓰러져 죽었다. 시체를 성 밖에 내다버리다 보니 숭례문과 노량진 사이에 시신이 산처럼 쌓였다.

　이래 죽나 저래 죽나 죽기는 매일반이다. 의거가 일어날 것이라는 풍문이 돌았다. 폭군은 민심을 등에 업고 사대부들이 정변을 일으킬까 노심초사했다.

변고를 미연에 방지하기 위해 왕은 불만 세력을 선제적으로 색출했다. 1504년에 어머니 폐비 윤씨 사사를 빌미로 처형한 대신들이 떠올랐다. 죄인과 직계가족은 다 죽였지만 친인척들이 꺼림칙했다. 혈족과 처족을 마구 잡아들여 죽을 때까지 고문했다. 바른말을 하다가 멀리 귀양 간 관리들은 감찰관을 파견해 닦달하고 의심스러우면 처형했다.

인심은 묘한 것이다. 폭군이 잔인무도하게 나올수록 모반의 기운은 더욱 무르익었다. 절대권력을 휘두르는 무시무시한 왕인 줄 알았는데 가만 보니 정변이 일어날까 두려워 광기에 휩싸인 나약한 군주였다.

거사를 이끌 만한 사람들의 이름이 세간에 나돌았다. 이장곤이 유력하게 떠올랐다. 문신이지만 무예 또한 뛰어난 인물이었다. 활을 쏘았다 하면 백발백중이었다. 유장(儒將)이라 하여 대신의 추천을 받기도 했다.

이장곤은 사화에 연루되어 이듬해 거제도에 유배되었다. 왕은 그를 모반의 괴수로 단정하고 어서 잡아들이라는 영을 내렸다. 의금부도사가 도착했을 때는 이장곤이 유배지에서 사라진 후였다. 소식을 듣고 도망간 것이다. 왕은 격노하여 모든 도에 어사를 보내 도망자를 찾게 했다. 거액의 현상금을 걸어 수배하고 사방에 군대를 풀어 뒤졌다. 임금의 조바심은 오히려 세상 사람들의 상상력을 자극했다. 이번에는 이장곤이 은밀히 무리를 모아 곧 군사를 일으킬 것이라는 소문이 났다. 민심이 크게 요동쳤다.

집에서 근신 중이던 성희안은 겉으로는 세상사에 초연한 척했지만 남몰래 동향을 예의주시했다. 그는 지략이 뛰어난 인물이었다. 격변을 예측하고 큰 계책을 정했다. 폭군을 보위에서 몰아내기로 한 것이다. 그것도 선수를 쳐야 한다.

'이장곤은 문무를 겸비한 자다. 각지에 격문을 보내 귀양 간 사람들을 불러 모으고 군사를 일으켜 도성으로 쳐들어오면 민심을 잃은 왕은 당해내지 못할 것이다. 어차피 환란은 불가피하다. 그렇다면 장곤이 거병하기 전에 먼저 임금을 쳐 정권을 잡으리라.'

거사를 일으키려면 대장이 필요하다. 성희안은 자신을 잘 알고 있었다. 지략이 있으니 책사로는 그럭저럭 써도 되지만 무리가 심복하고 따를 만한 그릇은 아니다. 대장은 사람들을 매료시키고 세상에 영향을 끼치는 특별한 자질을 갖춰야 한다. 중대한 고비가 닥쳤을 때 결단을 내리고 밀어붙일 수 있는 두둑한 배짱이 있어야 한다.

성희안은 박원종을 떠올렸다. 명문가 출신에 의로움을 지니고 따르는 자가 많아 능히 큰일을 맡을 만한 인물이다. 궁궐을 치려면 군사를 움직여야 하니 박원종처럼 지휘 능력을 갖춘 장수가 앞장서는 것이 바람직하다. 게다가 종이품으로 무관 가운데 품계가 가장 높아 왕을 지키는 내금위와 겸사복도 감히 맞서기가 부담스러울 것이다.

'박원종의 의중을 어떻게 떠본다?'

성희안은 한동네에 사는 신윤무에게 가교 역을 부탁했다. 신윤무는 군자시 부정에 올라 주상의 총애와 신임을 얻고 있는 자다. 군수품을 보관하고 공급하는 일을 책임지는 관계로 무관들과도 두루 교분이 있다. 그는 망명한 이장곤이 곧 거병할 것이라는 소문에 겁을 먹고 근심했다.

"지금 왕이 가까이 두고 신임하는 측근들도 모두 마음이 떠났습니다. 머지않아 변이 있으면 왕의 곁에 있는 신하들은 반드시 화를 입겠지요?"

신윤무는 칩거 중인 성희안에게 조언을 구하러 갔다가 얼떨결에 설득당해 거사에 동참하기로 했다. 가교 노릇도 맡았다. 같은 무관인 박원종의 집에 찾아가서 은밀히 성희안의 뜻을 전했다. 의거를 도모할 테니 대장을 맡아달라는 것이었다.

그 무렵 박원종은 큰 슬픔에 빠져 있었다. 7월에 인생에서 가장 소중한 사람을 잃었다. 큰누이인 승평부대부인 박씨가 세상을 떠난 것이다. 그것도 추문으로 인해 가슴앓이를 하다가 한스럽게 생을 마감했다. 박씨 부인이 폭군의 총애를 받아 잉태했다는 소문이 세간에 돌았다. 주상의 큰어머니로서 이런 치욕은 도저히 묵과할 수 없었다. 부인은 약을 먹고 자결하여 자신의 결백을 호소했다. 스스로 목숨을 끊어 정절을 지킨 것이다.

큰누이의 원통한 죽음에 박원종은 식음을 전폐했다. 어머니처럼 자애로웠던 띠동갑 누이다. 처음에 아버지의 음덕으로 정사품 무관인 호군이 되었을 때 그는 우쭐하여 장안의 한량들과 어울렸다. '소년 장수'라고 일컬으며 화류계를 풍미했다. 건달이나 다름없던 그를 바로잡아 준 이가 승평부대부인이었다.

"협객 노릇은 그만하고, 자네도 이제 뜻을 품어야지. 뜻은 의로움을 담는 그릇이네. 자네의 의기를 뒷골목에 가두지 말고 그릇을 키워 크게 써보게나."

박씨 부인은 남동생을 집으로 불러들여 병서와 역사를 가르쳤다. 육도, 삼략, 손자를 떼고 사기, 자치통감, 고려사를 들여다보았다. 누이의 가르침 덕분에 박원종은 군사 다루는 법은 물론 세상 돌아가는 이치에 눈을 떴다.

1486년(성종 17)에 그는 갈고닦은 무예와 병법을 뽐내며 약관의 나이로 무과에 급제했다. 성종대왕은 형수의 동생을 선전관으로 삼아 가까이 두었다가 몇 년 후 병조참지에 임명해 정삼품 당상관으로 올려주었다. 박씨 부인의 후원에 힘입어 출세의 기반을 마련한 것이다.

박원종에게 부인은 누이요 스승이며 은인이었다. 그런데 임금의 총애를 받아 잉태했다고? 얼토당토않은 낭설이다. 아무리 주상이 막 나가도 큰어머니와, 그것도 20살 넘게 차이가 나는 여인과 그럴 수는 없는 것이다. 지혜롭고 현숙한 누이가 거기에 휘말릴 리도 없다.

박원종은 큰누이의 관을 부여잡고 꺼이꺼이 울었다. 숨이 끊어질 듯 가쁘게 이어지는 통곡이었다. 뻥 뚫린 가슴에 뜨거운 울분이 차올랐다. 분노의 화살은 폭군에게로 향했다. 결국 왕의 광적인 색탐으로 인해 불거진 일이다. 흥청과 운평 같은 기녀들로 궁궐을 가득 채운 것도 모자라 사대부의 처첩들을 궁중 연회에 불러들여 욕정을 채웠다. 말이 나오지 않을 수가 없다. 말이 문지방을 넘어가면 소문이 된다. 소문은 사실을 자극적으로 왜곡한다. 그러다가 세자 일로 궁 출입이 잦았던 승평부대부인이 악의적인 소문의 표적이 된 것이다.

박원종의 가슴에 복수심이 들끓었다. 때마침 신윤무가 의거에 앞장서 달라는 성희안의 뜻을 전한 것이다. 박원종은 기꺼이 수락했다. 성희안은 그날 저녁에 당장 박원종의 집으로 달려가 서로 통곡하고 뜻을 모았다.

주상의 정치가 혼란스럽고 가혹하여 백성이 도탄에 빠졌습니다. 우리 두 사람은 성종대왕의 두터운 은혜를 입었거늘 어찌 앉아서 보고만 있겠소? 마땅히 나라를 위하여 목숨을 버려야 할 것입니다. 대장부가 죽고 사는 것은 명(命)에 달렸으니, 종사의 위태함이 경각에 있음을 보고 어찌 구제하지 않으리오.
— 《연려실기술》〈연산조 고사본말〉 병인정국

대업의 수레바퀴가 굴러가기 시작했다. 두 사람은 믿을 수 있는 이들을 만나며 거사에 참여할 동지들을 규합했다. 군자시 부정 신윤무, 군기시 첨정 박영문, 사복시 첨정 홍경주 등 용구의 장수들이 응군을 거느리고 오기로 약속했다. 용구는 임금의 말을 돌보는 마구간이다. 응군은 매를 길러 사냥 나가는 병사들이다. 세 사람은 각각 군수품, 병장기, 말을 관리하는 자리에 있어 군사를 움직이는 데 큰 도움이 되었다.

심순경도 동참하기로 했다. 선전내승과 훈련원 첨정을 지내 따르는 군사가 적지 않다. 전 수원부사 장정도 기꺼이 힘을 보탰다.

무관들이 적극적으로 가담한 반면 문신들은 망설이고 주저했다. 무릇 거사가 성공하려면 군사 못지않게 공론이 중요한 법이다. 문신들이 참여하지 않으면 대세를 이룰 수 없다. 어떻게 할 것인가? 문신들은 대개 이름을 중시한다. 성희안은 명망 높은 이조판서 유순정을 끌어들여 문신들을 모으기로 했다.

뒤집어 바로잡아야 할

초경 삼점 말(저녁 8시경)이 되자 종루의 대종이 28번 울리며 인정을 알렸다. 도성의 문이 닫히고 통행이 금지되는 시간이다. 인정 종소리와 함께 유순정이 하인 여럿을 거느리고 훈련원에 나타났다. 혹시 오지 않을까 마음을 졸이던 성희안이 막사 밖으로 뛰쳐나가 그의 손을 덥석 잡았다.

유순정이 거사에 동참하기로 한 것은 쉽지 않은 결단이었다. 달포 전에 그는 폭군의 명을 받아 경서문에 이름을 올리고 충성 맹세를 한 바 있다. 왕에게 서약한 글이 채 마르기도 전에 충성 맹세를 깨고 정변에 가담하는 것은 유자(儒者)로서 하지 못할 짓이었다.

신 등이 위로는 하늘을 받들고 아래로는 땅을 밟으면서 어찌 성상의 명을 거역하겠습니까. 성상께서 위에 계시며 신임하시

는데 어찌 은덕을 저버리고 통하지 않을 일을 하겠습니까. 이
마음이 변치 않을 것을 천지와 귀신을 두고 맹세하겠습니다.
목숨 바쳐 견마(犬馬)의 정성을 다할 것을 황공한 마음으로 아
뢰옵니다.

– 《연산군일기》 1506년 7월 29일

영의정 유순이 백관을 거느리고 창덕궁 인정전으로 나아가 임
금에게 올린 경서문이다. 연산군이 왕위에 오른 지 12년째에
들어 민심이 심상치 않게 돌아가자 폭군은 변고를 우려한 나머
지 궁궐 주위에 돌성을 쌓고 신하들에게 충성 서약을 강요했다.
개와 말처럼 주인에게 복종하겠다고 천지와 귀신을 두고 맹세
하는 내용이었다.

이 경서문은 판중추부사 김감이 지었고 영의정 유순, 좌의정
신수근, 우의정 김수동, 좌찬성 신준, 우찬성 정미수, 좌참찬 임
사홍, 우참찬 민효증, 한성부판윤 구수영, 무령군 유자광, 이조
판서 유순정, 예조판서 송질, 병조판서 이손, 형조판서 신수영,
도승지 강혼, 좌승지 한순, 우승지 김준손 등이 이름을 올렸다.
조정 대신과 왕의 측근들을 망라한 것이다. 도승지 강혼은 경서
문을 받들고 실록각으로 가서 국보처럼 간직했다.

유순정은 충성 맹세가 언젠가 자신의 이름에 먹칠할 것이라는
예감을 갖고 있었다. 그러나 폭군의 강요로 대신들이 모두 참여
하는 일에 육조의 으뜸 벼슬인 이조판서가 빠진다는 것은 있을

수 없는 일이었다. 살기 위해서는 어쩔 수 없는 노릇이었다.

성희안이 찾아와 의거에 동참해 달라고 했을 때 유순정은 머뭇거렸다. 이장곤이 군사를 일으킬 것이라는 풍문이 세간에 파다했으므로 마음이 동하는 것은 사실이었다. 그 거사가 성공한다면 폭군에게 충성을 서약한 대신들이 무사할 리가 없다. 성희안의 말마따나 그들이 거병하기 전에 먼저 정권을 잡는 것이 상책이다.

하지만 사람 마음이 참 간사하다. 경서문에 이름을 올리고 나니 어쩐지 임금의 편에서 거사를 생각하게 된다. 얼마 전에 한 충성 맹세를 저버리는 것이 켕겼다. 그렇다고 폭군에게 고변하는 것도 내키지 않았다. 성난 민심이 모여 정변으로 치닫고 있다. 한 치 앞도 내다보기 힘든 안갯속 정국이다. 어떻게 처신할 것인가?

유순정은 며칠 생각해보겠다며 성희안을 돌려보냈다. 결정은 빠를수록 좋다. 은밀한 모의를 발설한 이상 저들도 경계하며 주시할 것이다. 시간을 지체하면 고변할까 봐 입을 막으려 할지도 모른다. 등줄기를 따라 식은땀이 흘렀다.

그는 가만히 묵상하며 자신의 마음을 들여다보았다. 뿌연 어둠을 헤집고 더듬더듬 나아가니 촛불처럼 흔들리며 손짓하는 작은 불빛이 보인다. 한때 순수하고 뜨겁게 타올랐던 유자의 초심이 마음 깊은 곳에서 여태 꺼지지 않고 일렁거리고 있다.

이윽고 거취를 정한 유순정은 성희안과 박원종에게 기별했다.

도성 밖 왕십리에 있는 자신의 별장에서 보자고 했다. 별장은 이엉을 엮어 초가지붕을 얹은 조그만 농가였다. 두 사람이 사랑채에 들자 유순정의 마름과 종들이 집을 빙 둘러싸고 삼엄하게 경계했다.

"정자(政者) 정야(正也), 공자께서는 정치란 바르게 하는 것이라고 했습니다(《논어》〈안연〉). 정치가 그릇되어 나라가 위태롭다면 뒤집어 바로잡는 것이 조선을 이룩한 유자의 당연한 소임이겠지요."

유순정이 온화한 미소를 머금고 함께 하겠다는 뜻을 밝혔다. 성희안은 형용할 수 없는 벅찬 감회에 목메었다.

"그렇습니다. 지금 조선에서는 '반정(反正)'이 곧 '정(正)'입니다."

박원종도 고개를 주억거리며 동조했다.

"유공이 나서 주시니 천군만마를 얻은 것 같소이다. 이제 반정의 뜻을 모아 결행하는 일만 남았습니다. 이 자리에서 대계를 세우는 것이 어떻겠습니까?"

성희안이 목소리를 낮춰 심중의 책략을 조심스레 꺼냈다.

"9월 초이틀에 주상이 장단 석벽을 유람하고 여흥을 즐길 것이라고 합니다. 그날 군사를 일으켜 도성 문을 잠그고 새 임금을 추대하는 것이 좋을 듯싶습니다."

"기가 막힌 계책이오."

박원종이 무릎을 쳤다.

"보름 후면 반정군이 군사를 모으고 준비를 마칠 수 있을 것이오."

유순정도 고개를 끄덕였다.

"그만한 거둥이면 금군이 대거 주상을 따라나설 테니 더할 나위 없는 기회로군요."

"그럼 새 임금으로 어느 분을 추대하는 게 좋겠습니까?"

성희안이 유순정과 박원종의 눈을 들여다보며 물었다.

"성종대왕의 적통이고 대비마마(정현왕후)의 친자인 진성대군이 적합할 것 같소만……."

유순정이 반정의 간판으로 진성대군을 거론하자 성희안과 박원종은 군말 없이 따랐다. 두 사람도 이미 진성대군을 점찍어 둔 것이다. 선왕과 대비의 고귀한 혈통을 이었고 폭군 곁에서도 신중하게 처신해왔으니 명분으로 보나 성품으로 보나 적임자가 분명했다.

이로써 큰 계획은 정해졌다. 운명의 날은 9월 초이틀이었다. 세 사람은 각자 잘하는 일을 맡아 반정 준비에 착수했다. 지략이 출중한 성희안은 세부 계획을 세우고 조직을 운영했다. 명망이 높은 유순정은 대소신료들을 은밀히 만나 설득해나갔다. 박원종은 대담한 통솔력으로 장졸들의 사기를 높이고 결전 의지를 다졌다.

시간은 누구의 편인가

9월 초하루 저녁, 훈련원 마당에 횃불이 물결을 이루며 거세게 타올랐다. 거사일이 하루 당겨진 것이다. 어둠을 뚫고 가죽찰갑과 목면 갑옷을 갖춰 입은 장정들이 속속 집결했다. 무사들은 칼날이 휘어 있는 환도와 물소뿔을 활채에 붙인 각궁으로 단단히 무장했고, 하인들은 쇠뭉치가 달린 철퇴와 고리에 추를 연결한 쇠도리깨를 옷 속에 숨겨 왔다.

막사 안에는 둥근 탁자를 가운데 놓고 '삼대장'인 박원종, 성희안, 유순정이 둘러앉았다. 삼대장은 오위진법에서 착안한 명칭이다. 오위진법은 지난날 문종대왕이 만든 조선 중앙군의 진법으로 총사령관 아래에 삼군의 대장을 두어 오위의 군사를 움직였다. 진법을 운용하듯 삼대장이 진성대군을 총사로 받들고 일사불란하게 반정을 이끌고자 한 것이다.

삼대장의 뒤로는 군자시 부정 신윤무, 군기시 첨정 박영문, 사복시 첨정 홍경주 등 위장들이 도열했다. 사슬 갑옷에 철판을 댄 경번갑을 갖춰 입고 투구 테두리에 둥근 차양을 두른 첨주를 머리에 썼다. 투구 꼭대기에 단 상모는 붉은 술로 통일했다. 위장들은 출동 준비를 마치고 삼대장의 명을 기다렸다.

삼대장이 논의를 마치고 박원종이 자리에서 일어섰다. 막사 안에 긴장감이 팽팽하게 차오르고 사내들의 맥박이 세차게 뛰었다.

"지금 즉시 살생부에 오른 자들을 처단하고 폭군의 주구들을 모두 잡아들여라!"

첫 번째 군령은 '처단령'이었다. 박원종은 살생부를 꺼내 신윤무에게 건넸다. 반정군 장수와 용사들의 눈에 불꽃이 튀었다.

살생부를 작성한 것은 책사를 맡은 성희안이었다. 거사를 사나흘 앞두고 그가 박원종을 찾아와 봉서를 내밀었다. 겉봉을 열어 본 박원종이 깜짝 놀라 성희안을 쳐다보았다.

"반정을 성사하려면 기세가 관건입니다. 초장에 과감하게 칼을 휘두르면 세상의 이목이 우리에게 집중되고 폭군의 추종자들은 당황하여 흩어질 것입니다."

성희안은 또 백성과 유생들의 공분을 풀려면 폭정에 앞장선 자들을 처단해야 한다고 목소리를 높였다. 박원종은 살생부를 찬찬히 들여다보았다. 좌의정 신수근, 좌참찬 임사홍, 한성판윤 구수영, 도승지 강혼 등이 죽음의 명단에 올랐다.

신수근은 중전 신씨의 오라비다. 임금의 처남이요, 조정의 실세이니 폭정의 책임에서 자유롭지 못했다. 임사홍은 폐비 윤씨의 비밀스러운 이야기를 일러바쳐 갑자사화를 일으킨 원흉이며, 채홍사를 자처하여 임금을 여색에 빠뜨린 장본인이었다. 구수영은 흥청과 운평을 교육시켜 왕의 유흥을 도왔고, 강혼은 문장과 시로 아첨하여 폭군의 총애를 받았다. 본보기로 처단하기에 알맞은 자들이었다.

"다른 사람은 몰라도 좌의정 신수근은 아니 됩니다."

박원종이 신수근의 처단에 반대했다.

"부부인 신씨(진성대군의 처)가 좌의정의 여식임을 모릅니까? 추대해야 할 주군의 장인을 어찌 죽인단 말이오?"

박원종의 말에 일리가 있었다. 신수근의 누이는 일찍이 왕과 짝을 이루어 중전이 되었고, 딸은 왕의 이복동생 진성대군과 부부의 연을 맺었다. 그는 임금의 처남이면서 진성대군의 장인이기도 했다. 거사가 성공한다면 국구가 될 사람이다. 게다가 비록 외척이지만 청렴하게 살아 세간의 평판도 나쁘지 않았다.

박원종은 일단 신수근을 만나 의중을 떠보기로 했다. 두 사람 다 조선 왕실의 인척이라 평소 인사를 나누고 집안끼리 교류하는 사이였다. 친분 덕분에 만남은 어렵지 않게 성사되었다.

"대감, 민심이 심상치 않습니다. 변고가 일어날 것이라는 소문이 파다합니다."

"어차피 일어날 일이라면 차라리 빨리 일어나는 게 낫지."

박원종이 짐짓 변고를 거론했지만, 신수근은 동요하지 않고 태연했다. 터질 일이라면 어서 터지는 것이 좋겠다니, 두둑한 배짱이다. 박원종은 내심 감탄하며 슬며시 속내를 드러냈다.

"이 모두가 주상이 자초한 일입니다. 민심은 지금 진성대군에 게로 쏠리고 있습니다. 주상을 폐하고 사위 분을 추대하자는 것 이 공론입니다. 좌상 대감이 앞장서신다면 대소신료들도 따르 지 않겠습니까?"

신수근은 눈을 감고 아무 말이 없었다. 방 안에 무거운 침묵이 고였다. 박원종은 마른침을 꿀꺽 삼키며 좌의정이 의중을 밝히 기를 기다렸다. 이윽고 신수근이 입을 열었다.

"나는 이미 주상 전하를 섬기고 있는데 어찌 내 사위를 추대 하는 일에 나서겠는가?"

"하오나 대감……."

박원종이 설득하려 했으나 신수근은 손을 내저었다.

"임금은 비록 포악하나 세자가 총명하니 좋은 날이 올 걸세. 믿어보시게."

그의 뜻은 확고했다. 폭군이라도 의리를 지키겠다는 것이다. 총명한 세자에게 희망을 건다는 말에 박원종은 가슴이 찢어질 것만 같았다. 세자를 어질고 똑똑한 후계자로 양육한 누이가 생 각났기 때문이다. 신수근을 회유하러 간 박원종은 그예 마음을 접고 돌아섰다.

살생부는 성희안의 안이 채택되었다. 거병도 예정대로 9월 초 이틀에 임금이 장단 석벽으로 나아가면 도성 문을 닫고 실행에

옮기기로 했다. 하지만 큰일은 사람의 뜻대로 쉽게 이루어지지 않는다. 의거를 하루 앞두고 왕이 돌연 일정을 변경한 것이다. 날씨가 좋지 않을 것 같다며 장단 석벽 놀음을 취소했다. 변덕스러운 국왕의 마음이었다. 불길한 예감이 들었는지도 모를 일이다.

이조판서로서 조참에 참석했던 유순정이 궁에서 나와 긴급히 회합을 소집했다. 왕십리 별장으로 박원종, 성희안, 신윤무, 박영문, 홍경주, 장정, 심순경 등 거사의 주역들이 모여들었다. 내일 거병할지 말지부터 정해야 했다.

"주상이 장단으로 출행하지 않으면 금군도 왕도를 떠날 일이 없습니다. 왕을 지키는 내금위, 겸사복, 우림위 병력이 건재한 이상 반정군이 궁궐과 도성을 장악하기는 어려울 것입니다. 아무래도 거사를 미루는 게 나을 듯싶습니다."

성희안은 신중론을 펼쳤다. 병력이 밀리니 무리하지 말고 다음을 기약해야 한다는 것이다. 그러나 무관 신윤무의 생각은 달랐다.

"내일 거병할 것이라 하여 이미 직속 부하들에게 의거를 알렸습니다. 믿을 수 있는 자들이기는 하지만 군관과 병졸들에게 기밀이 퍼지는 건 시간문제입니다. 형세가 중지할 수 없게 되었습니다."

갑론을박이 이어졌다. 유순정은 일단 관망하며 추이를 지켜보자고 했다. 결국 거사를 보류하는 쪽으로 기울어지면서 회합은 찜찜하게 마무리되었다.

집에 돌아온 박원종은 마당에서 활을 쏘며 허전한 마음을 달랬다. 이때 청지기가 달려와 급보를 전했다. 전라병영 종사관으로 있는 박원종의 옛 부하가 보낸 것이다. 놀랍게도 호남으로 귀양 갔던 이과, 유빈, 김준손 등이 현지의 수령 및 장수들과 함께 거병한다는 소식이었다. 그들은 서울로 진격하기에 앞서 격문을 지어 팔도에 돌렸다.

"주상의 죄가 하나라 걸왕과 은나라 주왕보다 심하니, 백성들의 죽을 고생은 말할 것도 없거니와 왕조가 바뀌는 화가 생길까 두렵다. 이에 진성대군을 추대하여 의병을 일으키려 하니, 뜻을 같이하는 사람들은 9월 보름까지 서울에 모여 위태로운 종묘사직을 구하라."

사태는 급박하게 돌아가고 있었다. 박원종은 결단해야 할 때가 왔음을 직감했다.

'이장곤이 아니라 이과였구나. 전라도 군사가 움직이기 전에 우리가 먼저 거병해야 한다. 임금이 알고 방비에 들어가면 후일조차 기약할 수 없으리라.'

박원종은 누이가 들려준 1456년(세조 2)의 변고를 떠올렸다. 그해에 성삼문, 박팽년 등이 상왕인 단종의 복위를 도모했는데 자그마한 차질로 인해 연기했다가 밀고자가 나와 모두 붙잡혀 죽었다.

'국왕이 장단으로 출행하지 않는다고 해서 거사를 미뤄서는

안 된다. 이미 기밀이 군문에 퍼져나가고 있다. 고변이 나오기 전에 결행하는 것이 살길이다.'

　결심한 이상 꾸물거릴 이유가 없다. 그는 곧바로 동지들에게 통문을 돌렸다. 이과 등의 거병을 알게 된 성희안과 장수들은 박원종의 결단에 즉각 호응했다. 오늘, 9월 초하루 밤에 반정하기로 한 것이다. 유순정의 회통은 늦어졌지만 더는 기다리지 않았다. 박원종은 자신을 따르는 무사와 하인들을 거느리고 반정 지휘소인 훈련원으로 갔다.

훈련원에 모인 장수와 병사, 무사와 하인들이 편성을 완료한 것은 9월 초하루 밤 이경(오후 9~11시) 무렵이었다.

"창덕궁으로 진격하라."

박원종이 부채로 창덕궁 쪽을 가리키며 진군을 명했다. 북소리와 함께 반정군 500여 명이 일제히 임금이 거처하는 궁으로 나아갔다. 지축을 울리는 한밤중의 행군에 도성 주민들이 놀라 거리로 쏟아져 나왔다. 골목을 가득 메운 백성들이 반정군의 진격을 어리둥절한 눈망울로 바라보았다.

창덕궁 어귀에 이르자 박원종은 군사를 나누어 궁궐을 포위하게 했다. 변수와 최한홍은 동쪽을 지키게 하고, 장정과 심형은 서쪽을 막도록 했다. 박원종은 본대를 거느리고 돈화문 앞에 진을 쳤다. 번쩍거리는 쇄자갑을 갖춰 입고 부채를 휘둘러 군사를 지휘하는 박원종의 늠름한 모습에 구경꾼들은 환호하며 만세를 불렀다.

"폭군을 타도하려고 의병이 일어났다. 살았다! 이제 살았다!"

같은 시각, 신윤무와 그의 수하들은 살생부를 들고 형조판서 신수영의 집에 들이닥쳤다. 그는 신수근의 동생으로 폭군의 악행을 부추겨 원망을 사고 있었다. 신윤무는 용사 10여 명을 어두운 골목에 숨기고 별감 한 사람을 그의 집으로 들여보냈다.

별감은 임금의 명패를 꺼내 보이며 입궐하라는 명이 있다고 속였다. 신수영이 말을 타고 집을 나서는 순간 어둠 속에 몸을 감추고 있던 용사들이 덮쳤다. 놀라서 말에서 떨어진 신수영은 용사 이심의 쇠몽둥이에 머리를 얻어맞고 그 자리에서 숨졌다.

다음은 좌의정 신수근의 차례였다. 폭군의 처남이자 주군의 장인이다. 박원종은 의거에 끌어들이려 했지만, 신윤무는 애초부터 죽여야 한다는 입장이었다. 반정이 성공하고 진성대군이 즉위하면 신수근은 국구가 된다. 붙좇는 자들이 틀림없이 많아질 것이다. 힘 있는 외척의 존재는 공신들에게 큰 부담이다. 세력이 커지기 전에 제거하는 편이 이롭다고 신윤무는 생각했다.

신수근이 명패를 받고 밖으로 나오니 용사들이 에워쌌다. 그가 쇠몽둥이에 맞아 쓰러지자 종 하나가 그 위에 엎드려 제 몸뚱이로 주인을 보호했다. 이심의 쇠몽둥이는 자비심이 없었다. 주인과 종을 모두 때려죽였다.

좌참찬 임사홍도 집에서 나오다가 쇠몽둥이로 두들겨 맞고 피범벅이 되어 죽었다. 전해에 죽은 아들 임숭재와 함께 폭군의 채홍사로 악명을 떨치다가 비참하게 최후를 맞은 것이다. 연달아 쇠몽둥이를 휘두른 이심은 피가 튀어 얼굴이 온통 시뻘겠고 옷도 붉게 물들었다.

신윤무가 살생부에 적힌 폭군의 측근들을 제거하는 동안 성희안은 장차 공신록에 이름을 올릴 조정 대신들을 끌어들였다. 조선은 사대부의 나라다. 명망 높은 문신들을 간판으로 내걸어야 사대부들의 공론을 업고 반정을 공인받을 수 있는 것이다.

성희안이 공을 들인 인물은 우의정 김수동이었다. 그는 갑자사화 때 폐비 윤씨의 묘를 회릉으로 높이는 일에 앞장서 왕의 신임을 얻었다. 이를 두고 사림 일각으로부터 폭군을 추종한다는 비난을 받기도 했다. 그러나 임금을 잘 달래 많은 문신이 화를 면할 수 있게 한 것도 그였다. 또 청탁을 거절하고 검약한 생활을 즐기는 등 품행이 단정하여 사대부들의 존경을 받았다. 반정의 얼굴로 삼기에 여러모로 적합한 인물이었다.

성희안이 밤늦게 집에 찾아오자 김수동은 착잡한 표정으로 맞이했다. 도성에 무슨 일이 일어나고 있는지는 하인들에게 들어 파악하고 있었다. 반정을 도와달라는 성희안의 권유에 그는 목을 내밀어 책상 위에 얹었다.

"차라리 내 머리를 베어 가시게."

유자는 불사이군(不事二君)이다. 비록 폭군이지만 섬기던 임금을 버릴 수는 없다는 뜻이었다. 김수동이 거절 의사를 밝혔지만 성희안은 물러서지 않았다.

"임금 이전에 나라와 백성이 있소이다. 정치가 그릇되어 나라가 위태롭고 백성이 도탄에 빠졌다면 뒤집어서 바로잡는 게 유자의 본분 아닙니까?"

진성대군을 추대하여 정치를 바로잡는 것이 성종대왕의 뜻을 받드는 길이라고도 했다. 성희안이 선왕을 거론하자 김수동은 깊은 고뇌에 빠졌다. 성종이 일군 '유자의 나라'를 폭군은 계속 짓밟고 허물었다. 반정이야말로 선왕의 뜻을 받드는 길일지도 모른다. 김수동은 일단 성희안을 돌려보내고 천천히 의관을 정제했다. 갈 길은 정해졌다. 돈화문 앞 반정군 본진으로 나아갔다. 삼대장이 우의정을 반갑게 맞이했다.

한편 영의정 유순의 집에는 유순정이 다녀갔다. 수상(首相)이 참여하면 '반정이 곧 정'이라는 의거 명분이 선명해진다. 반정을 나랏일로 만드는 셈이었다. 유순은 대세를 거스르는 인물이 아니었다. 반정의 기운이 성대하니 순순히 따르기로 했다.

유순은 반정군 진영으로 가다가 급히 궁궐로 들어가는 당상관을 만났다. 도승지 강혼이었다. 시와 문장으로 폭군에게 아첨했다고 하여 반정군의 살생부에 이름이 올랐지만 그는 아무것도 모르고 있었다. 단지 한밤중에 임금의 부름을 받고 입궐하는 길이었다. 집을 나서자마자 신윤무와 수하들이 들이닥쳤으니 어찌 보면 운이 좋은 사람이었다.

도중에 유순을 만난 것도 강혼에게는 천운이었다. 영의정이 도승지를 불러 세운 것은 유순정에게 들은 바가 있었기 때문이다. 유순은 강혼의 시재를 아꼈다. 본인도 '시수상(詩首相)'이라는 별명을 얻을 만큼 시문에 능했으니, 후배의 재능도 알아보고 귀하게 여겼을 것이다. 그는 조정의 영수로서 아끼는 후배에게 살길을 열어주고 싶었다.

"영감, 지금 입궐할 때가 아니오. 아무 말 말고 나를 따라오시오. 잠시도 내 곁을 떠나면 아니 되오."

강혼은 큰일이 닥쳤음을 직감했다. 유순의 뒤를 따라 돈화문 앞에 이르니 등불이 휘황하여 대낮처럼 밝고 사람과 말이 가득했다. 영의정이 들어서니 삼대장이 공손히 인사하고 자리를 양보했다. 유순은 상석으로 가서 앉으며 강혼에게 바로 뒷자리를 권유했다.

"아니, 이게 누구요?"

박원종이 눈을 부릅뜨고 강혼을 노려보았다.

"내가 뜻한 바가 있어 도승지 강혼을 데리고 왔소."

유순이 조심스레 말하고 좌중을 둘러보았다. 강혼에 대한 악평은 알지만 영의정 체면을 봐서 덮어 달라는 뜻이었다.

"반정을 위해서는 엄중히 책임을 물어야 할 것도 있습니다. 이자는 살려둘 수 없다고 우리가 이미 약속했습니다."

박원종이 단호하게 나오자 유순은 눈을 지그시 감았다. 막사 안에 무거운 침묵이 고였다. 그 무게에 눌려 강혼은 숨이 막힐 것만 같았다. 그는 눈망울을 굴리며 낮게 가라앉은 막사의 공기를 살폈다. 그 모습이 애처로웠는지 유순정이 말문을 열었다.

"이렇게 혼란스러운 때일수록 기록을 정연하게 남겨야 합니다. 강혼은 문장가이니 서기를 맡겨 보는 게 어떻겠습니까? 꼭 죽여야 한다면 뒤에 해도 늦지 않습니다."

어느새 막사에 가득 찬 문신들이 고개를 끄덕였다. 눈치 빠른 강혼은 곧바로 소매를 걷어붙이고 붓을 잡았다. 탁자에 어지러이 흩어진 문서들을 취합하고, 사람들이 하는 말을 이쪽저쪽 다 받아 적었다. 강혼의 능숙한 솜씨 덕분에 혼란스러운 논의도 정리가 되었다. 박원종이 투덜거렸지만 어쩔 수 없는 노릇이었다.

벼슬아치와 아전, 군인들이 밀려들며 반정군 본진은 밤이 깊어질수록 북적였다. 삼경을 알리는 경고(밤에 시간을 알리려 치던 북)가 울렸을 때는 도성 사람들이 구름처럼 모여들어 발 디딜 틈조차 없을 지경이 되었다.

무령군 유자광도 반정군에 합류했다. 그는 김종직의 조의제문이 초패왕 항우의 왕위 찬탈에 빗대 세조를 비방하는 글임을 폭로하여 무오사화를 몰고 온 장본인이다. 사림 일각에서는 이를 갈며 적의를 드러내고 있었다. 삼대장은 조선 개국 이래 최초의 반정인만큼 지모가 출중하고 경험이 풍부한 인물이 필요하다며 이 서얼 출신의 대신을 끌어안았다. 유자광은 합류하자마자 기름 먹인 유지 비옷으로 부신(符信)을 만들어 장수를 부르거나 병력을 움직이는 신표로 쓰게 했다. 미처 부신을 준비하지 못한 반정 주역들은 유자광의 경험과 지모에 탄복했다.

그 틈에 한성부판윤 구수영도 슬며시 끼어들었다. 장악원 제조 시절 흥청과 운평에게 음악을 가르쳐 임금의 음란한 행실을 부추긴 죄로 살생부에 이름을 올린 자다. 서얼 조카 구현휘가 용력이 뛰어나다 하여 반정에 참여했는데, 구수영이 화를 입을까 봐 달려가서 고했다고 한다.

구수영은 일단 몸을 피했다가 술과 안주를 마련하여 돈화문 앞에 나타났다. 뜻밖의 등장에 삼대장의 눈이 휘둥그레졌다.

"내가 외척의 일원으로 궁궐에 드나들며 주상을 거스르지 못하고 명대로 거행한 일이야 어찌 없었겠소. 변명처럼 들리겠지만 사위 두 사람이 임금에게 죄를 지어 화를 입는 바람에 몸을 사려야 하는 처지였소. 용서하든지 죄 주든지 그대들 처분에 맡기겠소."

구수영의 맏사위는 임사홍의 둘째아들 임희재였고, 둘째 사위는 성종의 셋째아들 안양군 이항이었다. 임희재는 김종직의 제자로 아버지나 동생과 달리 임금을 비판하다가 능지처사를 당했다. 안양군 이항은 폐비 윤씨를 모함했다 하여 맞아 죽은 정귀인 소생으로 결국 사약을 받았다. 구수영은 폭군에게 희생된 사위들을 방패막이 삼아 사면을 읍소한 것이다.

달포 전에 폭군에게 충성을 맹세한 이들이 반정군 막사의 상석을 모두 차지했다. 이런 분위기에서 언감생심 구수영을 처단하기는 힘들었다. 반정의 결의를 다지고 피아(彼我)를 구분하기 위해 살생부를 만들었지만 이제는 그 의미가 퇴색했다.

삼대장은 사람들을 최대한 모아 세를 과시하기로 방침을 바꾸었다. 머릿수로 밀어붙여 폭군을 제압하고자 한 것이다. 왕명으로 누각과 돌성 등의 공사에 동원된 역군들을 반정군에 들였다. 전옥서와 의금부, 한성부의 감옥 문을 열어 죄수들도 모두 종군하게 했다. 병력이 천여 명으로 늘어났다.

반정군의 사기를 끌어올리기 위해 핏빛 의식도 치렀다. 전동, 김효손, 강응, 심금손 등 폭군이 총애하는 내관과 별감들을 끌고 와 군영 앞에서 목을 베었다. 밤이 깊어 삼경이 지났지만 반정 열기는 사뭇 달아올랐다. 피의 축제요, 뜨거운 광기였다.

이만하면 기선 제압은 끝났다. 사대부와 백성들의 호응도 크다. 책사 성희안은 이제 다음 단계로 넘어갈 때라고 판단했다. 폭군을 끌어내리고 새 임금을 세우는 절차를 예(禮)에 맞게 밟을 참이다. 그 첫걸음은 진성대군에게 반정의 전말을 알리고 주군을 시위하는 일이었다. 대비 정현왕후의 사촌 오라비인 윤형로와 전 훈련원 첨정 심순경이 군사를 이끌고 진성대군의 집으로 달려갔다.

집으로 가는 길

말 머리가 향하는 곳

진성대군 이역은 벌벌 떨고 있었다. 삼경이 지나 별안간 말발굽 소리가 나더니 갑옷을 입은 병사들이 집을 에워싼 것이다. 머리털이 쭈뼛쭈뼛 서고 등줄기를 따라 식은땀이 흘렀다. 우려했던 변고가 그예 터진 것일까? 부부인 신씨는 가만히 남편을 달랬다. 13살에 한 살 어린 대군과 혼인하여 7년을 살았다. 대군은 총명하기는 하지만 심약한 사람이다. 큰일이 나면 생각이 복잡해져 안달복달한다. 이럴 때는 신씨가 마음을 굳게 먹어야 한다.

얼마 전부터 분위기가 심상치 않았다. 폭군을 살해하겠다는 익명서가 붙자 주상은 광분하여 무고한 사람들을 닥치는 대로 잡아 죽였다. 도성 민심이 흉흉해지고 변고가 일어날 것이라는 소문이 돌았다. 조마조마하더니 기어코 변란이 일어났다. 한밤중에 바깥이 소란스러워 알아보니 박원종, 성희안, 유순정이 거병했다는 것이다. 박원종은 월산대군의 처남이라 왕실 연회에서 종종 인사를 나누었다. 그 사람이 변란에 앞장서다니 상상조차 하지 못한 일이다.

남편은 저들이 왕실을 도륙할까 봐 공포에 질렸다. 진성대군은 주상에게 총애받는 왕제다. 사냥과 연회 등을 함께 즐기며 어울렸다. 만약 오늘 밤 반란이 성공한다면 자신은 살아남지 못할 것이라고 염려했다.

신씨 부인은 대군의 떨리는 손을 감싸쥐고 차분한 음성으로 다독였다.

"당신은 성종대왕과 대비마마(정현왕후)의 적자입니다. 이 나라를 무너뜨릴 생각이 아니라면 어느 누가 감히 해칠 수 있겠습니까?"

부인은 세상의 풍파에 쉽게 흔들리지 않았다. 현명한 눈으로 바람의 방향을 가늠하고, 물결의 흐름을 예리한 감각으로 잡아낼 수 있기 때문이다. 주상과 세자를 제외하고 왕실에서 가장 고귀한 혈통을 가진 인물이 진성대군이다. 해칠 명분도 없거니와 그랬다가는 역풍을 맞을 게 뻔하다.

정작 마음에 걸리는 것은 친정이었다. 친정은 대대로 왕실과 혼인한 조선 최고의 명문가였다. 할아버지 신승선은 세종의 4남 임영대군의 사위였다. 세종대왕은 신씨 부인의 외고조부인 동시에 진성대군의 고조부였다. 두 사람은 8촌 간인 셈이다. 아버지 신수근은 조정을 실질적으로 이끄는 좌의정이요, 주상의 처남이었다. 중전 신씨가 신수근의 여동생이니 부부인에게는 고모다. 따라서 진성대군의 이복형인 주상은 신씨 부인의 고모부이자 시아주버니였다.

주상과 긴밀한 관계라는 것은 반란군의 표적이 될 수 있다는 뜻이다. 신씨의 친정이 위태로워졌다. 스산한 기운이 온몸을 휘감으며 오스스 소름이 돋았다. 문득 어젯밤 꿈이 떠올랐다. 부부가 용주(龍舟)에 올랐는데 갑자기 큰물이 덮쳐 자신을 물에 빠뜨리고 배는 어디론가 떠내려가는 꿈이었다. 부인은 대군을 향해 구해달라고 외쳤지만 목소리는 나오지 않고 악을 쓰기만 했다.

예사롭지 않은 꿈이라고 여겼지만 짐짓 예사로이 넘기려고 했다. 어쩌면 꿈에서처럼 '큰물'이 덮칠까 봐 두려웠는지도 모르겠다. 한밤중에 말발굽 소리가 울리고 병사들이 집을 에워싸자 부인은 어렴풋이 깨달았다. 피할 수 없는 운명이 들이닥치고 있음을.

진성대군의 공포는 극에 달했다. 급기야 반란군이 자신을 붙잡으러 온 것 같다면서 스스로 목숨을 끊으려고 했다.

"저들에게 잡혀가서 욕을 보느니 차라리 내 집에서 자결할 것이오."

신씨 부인이 남편의 소매를 붙잡고 고개를 저었다. 아직 모르는 일이니 확인부터 해보자는 것이었다.

병사들의 말 머리가 이 집을 향해 있으면 우리를 해하려는 것일 테지만, 만약 말 머리가 바깥을 향해 있으면 오히려 당신을 호위하려는 뜻일 겁니다. 알아보고 자결해도 늦지 않습니다.

— 《연려실기술》 〈중종조 고사본말〉

하인을 내보내 확인해보니 과연 말 머리가 밖을 향해 있었다. 대군은 그제야 공포심이 누그러졌고, 부부인도 안도의 한숨을 쉬었다.

얼마 후 삼대장의 명을 받고 윤형로가 와서 대군 부부에게 인사를 올렸다. 그는 대비의 사촌 오라비이며 진성대군에게는 외당숙이었다.

"이것은 반정이옵니다. 그릇된 정치를 뒤집어서 바로잡자는 것입니다. 이미 민심은 반정으로 기울었습니다. 이제 대군께서 나설 차례입니다. 폭군을 몰아내고 보위에 오르소서."

진성대군은 눈앞이 노래졌다. 살생부에 오르지 않은 것은 천만다행이지만 보위라니, 임금이라니……. 그는 성종의 계비 소생으로 태어나 적장자인 형님 전하의 그늘에서 살았다. 왕위는 자신과 상관없는 자리였고 생각조차 해본 적이 없다. 대군에게 임금 노릇은 못 할 짓이었다. 주상이 얼마나 잔인하게 사람들을 죽였는가? 베고 찢고 빠개고 가르고 발라내고 뼛가루까지 날려 보냈다. 왕의 옥좌에는 말라붙은 피가 덕지덕지 엉겨 붙어 있다. 나보고 그 무서운 자리에 앉으라고?

진성대군은 다시 두려움에 빠져 부들부들 떨었다. 신씨 부인은 그런 남편을 다독이면서도 온전히 마음을 쏟지는 못했다. 불길한 예감이 옥죄어 왔기 때문이다.

'아버님은 무사하실까? 사태가 매우 급하게 돌아가는데 어째서 아무 연락도 없을까?'

시간은 속절없이 흘러 어느덧 사경(새벽 1~3시)으로 접어들었다. 한성부판윤 구수영과 종친인 운산군 이계, 덕진군 이활 등이 왔다. 왕실과 가까운 인물들에게 진성대군의 시위를 맡긴 것이다.

신씨 부인은 특별한 손님들을 위해 뜨뜻한 국화차를 내왔다. 모락모락 피어오르는 더운 김 너머로 구수영이 부부인에게 눈짓하고 슬며시 밖으로 나갔다. 신씨는 심장이 철렁했지만 애써 마음을 다잡고 뒤를 밟았다.

구수영은 뒷마당 은행나무 밑에서 굳은 표정으로 기다리고 있었다. 그는 부부인의 아버지 신수근과 막역한 사이였다. 조정 대신이자 왕실 인척으로서 함께 대소사를 의논해왔다. 구 판윤은 머뭇머뭇 입을 열었다.

"이 소식을 자네에게 어찌 전해야 할지……. 조금 전 아버님께서 유명을 달리하셨네."

신씨 부인은 다리에 힘이 풀려 그 자리에 주저앉고 말았다. 그토록 염려하던 일이, 조여 오던 불길한 예감이 잔혹한 현실이 되어 야차처럼 뛰쳐나온 것이다. 부부인은 홀로 장독대 구석으로 가서 어깨를 들먹이며 흐느껴 울었다. 애통하지만 슬픔을 있는 그대로 토해낼 수는 없었다. 안간힘을 다해 입을 틀어막았다. 소리 없는 통곡이었다.

시간이 얼마나 흘렀을까? 뎅뎅뎅, 아득한 종소리가 울렸다. 파루를 알리는 33번의 시보였다. 이윽고 칠흑 같은 밤이 물러나고 낙산 너머로 먼동이 트기 시작했다. 두려움과 슬픔을 어둠 속에 부려 놓고 새날이 밝아오고 있었다.

조강지처를 어찌 내치는가

9월 초이틀, 반정 둘째 날이 밝자 돈화문 앞 군영이 분주해졌다. 반정군은 진격하여 창덕궁에 바짝 다가갔다. 유자광 등이 포위망을 짜 폭군이 궁에서 나가지 못하도록 감시했다.

창덕궁에 입직했던 관원과 군사들은 밤사이에 모두 달아났다. 수챗구멍으로 빠져나가는가 하면 줄에 매달려 성문을 넘기도 했다. 숙위를 책임진 입직 도총관과 병조참지도 허겁지겁 도망쳤다. 임금 곁을 지키던 승지들도 바깥 사정을 알아본다면서 슬며시 내뺐다. 창덕궁은 적막에 휩싸였다. 다만 후궁과 기생들의 울음소리만 처량하게 새어 나왔다.

박원종, 성희안, 유순정과 반정에 합류한 조정 대신들은 여명에 대비가 거처하는 경복궁으로 나아갔다. 자경전 앞에 이르러 반정의 사유를 고했다.

주상이 임금의 도리를 잃어 백성이 도탄에 빠지고 종사가 매우 위태롭습니다. 천명과 인심이 이미 진성대군 이역에게 돌아갔으니, 모든 신하가 대군을 받들어 대통을 잇고자 합니다. 대비께 청컨대 성명(成命)을 내리소서.

– 《연산군일기》 1506년 9월 2일

대비는 친아들을 임금으로 받들겠다는 청을 일단 사양했다.

"우리 아이가 무거운 책임을 어떻게 감당하겠소. 세자 이황이 총명하니 왕위를 이을 만하오."

물론 폭군을 몰아내는 마당에 그의 아들을 임금으로 삼을 수는 없었다. 삼대장과 대신들이 거듭 진성대군의 즉위를 청하자 대비는 어쩔 수 없다는 듯이 아뢴 대로 따르겠다는 뜻을 밝혔다. 이윽고 대비가 교지를 내렸다.

내가 생각건대 어두운 임금을 폐하고 밝은 임금을 세우는 것은 고금에 통하는 의리이니, 여러 사람의 소원에 따라 진성대군을 왕위에 오르게 하고, 임금은 폐하여 연산군으로 삼는다.

– 《국조보감》

교지가 나오자 성희안은 백관을 경복궁 근정전으로 불러 모으고 유순정은 우찬성 정미수, 도승지 강혼과 함께 진성대군의 집으로 향했다.

진성대군은 신하들이 대비의 전지를 받들고 온다는 소식을 듣고 이웃집으로 피신했다. 자신은 부덕하여 중임을 감당할 수 없으니 돌아가라는 것이었다. 유순정 등은 마을 이문(里門) 밖에 앉아 두 번이고 세 번이고 연(임금이 거둥할 때 타는 가마)에 오를 것을 청했다. 대군은 세 번 거절한 뒤에 비로소 허락했다.

진성대군이 융복 차림으로 연에 올라 경복궁으로 나아가자, 백성들이 길가에 몰려나와 천세를 외치며 눈물을 흘렸다. 가마를 타고 뒤를 따르던 부부인 신씨는 가슴 뿌듯하면서도 마음 한 구석이 저며 왔다. 남편이 탄 연이 둥실둥실 떠올라 어디론가 날아가버릴 것 같았다.

두 사람이 부부의 연을 맺은 것은 1499년(연산군 5)의 일이다. 어린 나이에 혼인했지만 남녀의 정에 눈뜨며 예쁜 사랑을 키워왔다. 올해 부부인 신씨는 20살, 진성대군은 19살로 자식을 낳아 기르고 어엿한 일가를 이루려는 꿈에 부풀어 있었다. 그러나 지금은 시대의 격랑에 휘말려 한 치 앞도 장담할 수 없는 처지가 되었다.

같은 시각, 창덕궁에서는 승지 한순과 내관 서경생이 폐주 연산군에게 대비의 명을 전했다. 국새를 내놓고 별전으로 옮기도록 한 것이다. 연산군은 정전을 비우고 외진 전각으로 터벅터벅 걸어갔다. 내관, 궁녀, 별감 누구도 따르지 않았다. 어제까지 왕에게 충성하던 내금위 갑사들이 이제는 감시역을 맡아 폐주를 구금했다.

경복궁에 머물고 있던 중전 신씨도 폐비가 되어 자선당에 유폐되었다. 자선당은 세자의 거처다. 그곳에는 10살의 폐세자 이황과 7살이 된 창녕대군 이성이 궁을 떠나기에 앞서 어머니를 기다리고 있었다. 임시 거처는 청파촌의 무당집으로 정해졌고 유모가 동행하기로 했다. 폐비 신씨는 어린 자식들의 비극적 운명을 예감하며 부둥켜안고 한없이 울었다.

새 국왕의 즉위식은 신시(오후 3~5시)에 근정전에서 열렸다. 진성대군은 면류관과 곤룡포를 갖추고 백관의 하례를 받으며 늠름하게 보위에 올랐다. 하지만 부부인 신씨는 남편 곁에 없었다. 중전으로 삼는다는 대비의 분부가 떨어지지 않았기 때문이다. 임금의 조강지처이지만 대비의 교지 없이는 왕비로 책봉할 수 없었다.

새로운 왕이 교지를 반포하여 폐주가 독단한 정사를 성종대로 되돌리니, 신하들이 천세를 부르며 기뻐 고함치는 소리가 우레와 같았다. 그러나 임금의 마음은 천근만근 무거웠다. 당연한 줄 알았던 신씨의 왕비 책봉이 이루어지지 않았기 때문이다. 아내를 잃을지도 모른다는 두려움이 스멀스멀 피어올랐다.

왕은 즉위식을 마치자마자 내시부의 수장인 상선에게 대비의 교지를 받아오라고 명했다. 상선의 얼굴에 난감한 기색이 역력했다. 왕은 보이지 않는 손이 있음을 직감했다. 반정 주역들이 사전에 계획한 일이라고 봐야 한다. 그렇다면 삼대장인 박원종, 성희안, 유순정을 불러 담판을 짓는 수밖에 없다.

세 사람은 조정 대신들을 우르르 몰고 왔다. 왕에게 신씨 부인을 내칠 것을 청했다. 큰일을 이루기 위해 신수근을 죽였는데 그 딸을 왕비로 삼으면 민심이 위태로울 것이라는 이유였다. 하지만 왕은 사랑하는 아내를 지키고 싶었다.

조강지처를 어찌 내치는가?

– 《동각잡기》

가난하고 궁할 때 사귄 벗은 잊어서는 안 되고, 함께 고생한 조강지처는 버리지 않는 법이다. 그러나 대신들은 물러서지 않았다. 종사를 들먹이며 결단을 촉구했다. 완강한 태도에 기가 질렸다. 저들은 임금을 협박하고 있었다. 속내는 뻔했다. 신수근의 딸이 왕비가 되면 언젠가 임금과 세자를 통해 보복할까 두려운 것이다. 화근을 뿌리뽑으려는 것이다. 민심이니 종묘사직이니, 대의를 내세우지만 알고 보면 치졸한 보신책일 뿐이었다.

박원종은 오전에 대비와 독대한 일을 떠올렸다. 대비는 승평부대부인 박씨, 곧 박원종의 큰누이와 교분이 두터웠다. 그 인연을 이용해 박원종은 특별한 청을 올렸다.

"마마, 소신의 매형 윤여필에게 여식이 있는데, 승평부대부인의 훈육을 받아 어질고 반듯하게 자랐습니다. 올해 열여섯이니 주상의 후궁으로 들이면 어떻겠습니까?"

말이 후궁이지 부부인 신씨를 내치면 왕비 자리에 앉을 수도 있다. 박원종은 대비가 이 제안을 수락하리라 생각했다. 승평부대부인의 훈육을 받았다고 하면 대비는 좋게 볼 것이다. 또 윤여필의 딸은 파평 윤씨다. 대비와 한집안이란 말이다.

"그 아이라면 승평부대부인에게 들어서 잘 압니다. 그 일은 대감의 뜻대로 하겠습니다. 숙의로 궁에 들이지요."

궁궐에서는 모든 것이 정치이고 타협의 결과물이다. 신수근의 딸을 궁에 둘 수 없다면 후궁을 들이는 것은 필연적이다. 국왕을 홀아비로 만들 수는 없기 때문이다.

윤여필의 딸은 생모인 박원종의 누이를 일찍 여의고 큰이모인 승평부대부인의 손에 길러졌다. 어려서부터 책을 두루 읽어 사리에 밝았으며, 어진 성품을 갈고 닦아 주위 사람들의 호감을 샀다. 국모의 자질을 오롯이 갖춘 규수였다. (실제로 이듬해 중전이 되니 중종비 장경왕후 윤씨다.) 정치적으로는 권신과 대비의 합작품이기도 했다.

부부인 신씨는 강제로 흠경각에 격리되었다. 새 임금의 곁으로 가기를 원했지만, 궁궐에 그녀의 자리는 없었다. 신씨를 기다리는 것은 폐부(廢婦)의 올가미였다.

아무도 찾지 않는 밤

자식들과 생이별한 폐비 신씨는 자선당 툇마루에 넋을 놓고 앉아 있었다. 갈 곳이 정해질 때까지 이곳에 잠시 머물게 된 것이다. 아버지 신승선의 집은 반정으로 오라비 신수근이 비명횡사하고 온 가족이 뿔뿔이 흩어지며 풍비박산이 났다. 대대로 왕실과 혼인하던 조선 최고의 명문가가 하루아침에 폐족이 되고 말았다.

그녀는 연산군과 동갑내기로 13살에 세자빈이 되어 궁에 들어갔다. 성품이 온화하고 근실하여 윗사람을 정성껏 봉양하고 아랫사람들을 너그럽게 다스렸다. 중전에 오른 뒤에는 양로연을 자주 베풀고 곤경에 빠진 사람들을 돌보았다. 자녀와 하인들이 방자하게 굴지 않도록 엄히 단속하기도 했다.

연산군이 사람들을 도륙하고 패륜을 일삼았지만 아내만은 매우 소중히 여겼다. 왕이 무고한 사람을 죽이거나 황음무도한 행동을 하면 중전이 울면서 간하고 간곡히 만류했다. 폭군이 비록 들어주지는 않았지만 그렇다고 성내지도 않았다.

1504년(연산군 10) 3월 스무날 밤, 왕은 생모 폐비 윤씨를 모함해 죽였다며 부왕인 성종의 후궁들을 죽이고 대왕대비인 인수대비에게 행패를 부린 뒤 대비 정현왕후의 처소로 갔다. 침전 앞에서 긴 칼을 휘둘러 궁인들을 쫓아내고 대비에게 나오라고 고함쳤다. 이때 중전 신씨가 달려가 왕을 뜯어말리고 대비를 구해준 일은 궁궐에서 모르는 사람이 없었다. 폐비가 되었지만 곧바로 쫓겨나지 않고 갈 곳이 정해질 때까지 궁에서 예우를 받는 것은 그래서다. 누구보다 대비가 그녀의 안위를 염려했다.

뎅 뎅 뎅.

인정을 알리는 종소리를 들으며 폐비 신씨는 자선당에서 지난 일들을 돌아보았다. 아내로서 왕의 폭정과 패륜을 바로잡지 못한 것을 자책했다. 무엇보다 반정의 중대 사유가 된 색탐을 단속하지 못한 것이 한스러웠다. 임금이 총애한 여인들을 후하게 대하지 말 것을……. 녹수, 장녹수가 떠올랐다.

여인의 간드러진 웃음에 눈가리개를 한 임금은 더욱 몸이 달았다. 허공에 대고 연방 두 손을 휘젓는 연산군의 모습이 어찌나 바보 같은지 후궁 장씨는 웃다 지쳐 배꼽이 빠질 지경이다. 기가 막힌 일이다. 천한 신분의 종으로 살아온 계집이 감히 쳐다보지도 못했던 일국의 군주를 희롱하다니.

장녹수는 문의 현령을 지낸 장한필의 서녀로 태어났다. 양반의 딸이지만 어머니가 천첩이라 여종 신세를 면하지 못했다. 게다가 집안이 가난해 팔려 가듯 여러 번 시집가야 했다. 기구한 팔자가 바뀐 것은 제안대군의 종을 남편으로 맞고 아들을 낳은 뒤였다. 그 집의 여종이 되자 노래와 춤을 배울 기회가 생겼다. 재능이 빛을 발했다.

제안대군 이현은 예종의 원자였다. 예종이 요절했을 때 원자는 고작 4살이었다. 즉위하기에는 너무 어린 나이라 보위는 사촌 형 성종에게 넘어갔다. 임금 자리를 놓친 왕자의 인생은 살얼음판을 걷는 것과 같다. 살아남으려면 왕좌에 무관심한 척 연기를 해야 했다. 제안대군은 음악에 심취했다. 종들에게 노래와 연주를 시키고 즐겼다.

장녹수는 노래 솜씨가 출중했다. 특히 입술을 움직이지 않고 맑은소리를 잘 냈는데 제법 들을 만했다.(《연산군일기》1502년 11월 25일) 그녀의 노래는 장안의 화제가 되었고, 장녹수는 여자 광대로 이름을 날렸다. 조선의 모든 소문과 평판은 궁으로 흘러 들어간다. 호기심이 동한 연산군은 당숙 제안대군에게 청해 장녹수를 불러들였다.

연산군 이융은 감성적인 시를 쓰는 풍류가요, 한창 여자를 밝히는 호색한이었다. 청아하게 떨리는 장녹수의 음색은 젊은 임금의 마음을 어루만졌다. 가슴을 파고드는 전율에 이융은 고개를 들어 그녀를 쳐다보았다. 나이 30세에 접어들었지만 16살 계집아이처럼 생겼다. 얼굴은 그저 그런데 묘하게 끌리는 구석이 있었다. 왕은 녹수를 가지기로 했다.

장녹수는 연산군을 잘 다루었다. 팔려 가듯 여러 번 시집간 여인이다. 별의별 남자 다 만나보고 어떻게 상대해야 하는지 체득했다. 연산군은 언제 터질지 모르는 화약고 같은 남자였지만, 녹수는 어머니의 자장가처럼 폭력적인 기질을 잠재웠다. 장녹수가 어린애처럼 조롱하고, 노예에게 하듯 욕해도 왕은 기뻐했다.(《연산군일기》 1502년 11월 25일)

왕은 녹수의 교태와 아양에 푹 빠졌다. 국고를 기울여 사랑하는 여인에게 집과 재물, 전답과 노비를 아낌없이 하사했다. 상주고 벌하는 일이 모두 장녹수의 입에 달렸으니 뇌물과 청탁도 쏟아져 들어왔다. 그 능수능란한 치마폭에서 연산군은 거침없이 폭정으로 치닫고 광적인 색탐에 빠졌다.

연산군은 공포정치로 많은 사람을 죽였다. 화를 입은 자들이 자신의 목을 벤 칼과 관을 부순 도끼를 들고 폭군의 꿈속을 헤집고 다녔다. 죽은 자의 환영은 산 사람을 돌아버리게 하는 주술이다. 밤잠을 설치고 어둠 속을 응시하는 나날이었다. 그들의 비명을 삼키느라 왕의 가슴은 미어터졌다.

그 흉흉한 속내를 왕은 광기 어린 사랑으로 달래려 했다. 여색만이 구원이었다. 장녹수만으로는 타는 듯한 갈증을 해소할 수 없었다. 후궁과 궁녀들로도 공허한 마음을 채울 수 없었다. 폭군의 욕정은 팔도강산으로 뻗어 나갔다. 연산군은 크고 작은 고을에 모두 기생을 두고 운평이라 부르게 했다. 그 수가 나중에는 3천 명을 헤아렸다. 미색과 재주가 출중한 여인들은 채홍사들이 서울로 데려갔다.

운평이 왕의 선택을 받아 궁궐로 뽑혀 가면 흥청이 된다. 연산군은 경회루 연못에 임금의 배 용주를 띄우고 누각 아래 채색 무대의 흥청 가무를 즐겼다. 연못가에 만세산을 쌓아 올리고 산 위에 봉래궁, 월궁 등을 지어 흥청의 공연장으로 삼기도 했다. 유학의 본산인 성균관에 흥청을 불러 모아 음탕한 놀이를 벌이기도 했다. 그들을 거느리고 탕춘대(북한산)나 두모포(옥수동)로 거둥하는 것은 왕의 소일거리였다. 이때 '거사(擧舍)'라는 작은방을 들고 따르게 했는데, 길에서 마음이 동하면 안에 들어가서 정을 통했다.

흥청은 나라에서 쌀과 면포로 봉록을 지급했으며, 부모 형제도 불러들여 집과 전답을 내주었다. 마음에 드는 집을 찍고 아뢰면 왕이 호조에 명하여 강제로 사들이니 성안의 좋은 집들은 그녀들 차지가 되었다.(《연산군일기》1505년 8월 20일) 임금과 동침하면 천과흥청이라고 하여 후궁에 버금가는 대우도 해주었다. 이러자 세간에는 아들보다 딸을 낳아 흥청으로 출세시키기를 소원했다.

왕에 대한 신의를 배반하면 혹독한 대가를 치러야 했다. 연산군은 흥청과 운평에게 광적으로 집착했다. 특히 간부(奸夫)와 사통하는 것을 참지 못했다. 흥청 소진주는 담을 넘어 지아비와 만나다가 걸려 국문을 받고 능지처사를 당했다. 능지처사는 시신을 토막 내서 돌려 보이는 형벌로 대역죄인에게나 내리는 극형이었다. 소진주와 간부의 머리는 흥청의 거처인 취홍원에 전시되었다. 왕을 배신하면 어떻게 되는지 가장 잔혹하게 보여준 것이다. 여기서 그치지 않았다. 가족은 물론 이웃까지 곤장을 때리고 유배 보냈다. 살던 고을도 혁파했다. 무시무시한 집착이요, 보복이다.

도성에 변고가 일어날 것이라는 소문이 돌 때도 왕은 이렇게 일축했다.

과인의 태평한 치세에 어찌 다른 변고가 있겠는가. 아마 흥청의 지아비들이 회합하여 도적질을 모의하는 것일 테니 정승과 금부 당상을 불러 빨리 처치하라.

— 《연려실기술》 〈연산조 고사본말〉

어린 아이를 어찌 두고

폐비가 머물고 있는 자선당으로 부부인 신씨가 옮겨온 것은 막 이경으로 접어들 때였다. 새 임금의 명을 받고 대전 내관과 별감들이 모셔 왔다. 부부인은 문을 열고 마당으로 들어서다가 대청마루에 앉은 폐비를 보자 와락 달려가서 섬돌 앞에 주저앉았다.

"중전마마, 아버님이⋯⋯."

눈자위가 벌건 조카의 얼굴을 폐비는 물끄러미 쳐다보았다. 어려서부터 어질고 심지가 굳은 아이였다. 눈물이 왈칵 차올랐지만 폐비가 된 고모 앞에서 차마 떨구지 못하고 안으로 삼키고 있었다.

"눈물을 참지 마세요. 펑펑 울어도 됩니다."

폐비는 조카를 가까이 오게 했다. 부부인 신씨는 고모 곁에 다가앉아 눈물을 쏟았다. 폐비가 품에 안고 담담하게 등을 토닥였다. 대전 내관 허담이 잠자코 지켜보다가 임금의 덕음(德音)을 전했다.

"주상 전하께서 두 분 모두 힘드시겠지만 오늘 밤은 아무 생각 마시고 편히 쉬시라고 말씀하셨습니다."

내관과 별감들이 돌아가자 두 여인은 방에 들어가 이부자리를 폈다. 쫓겨난 임금의 아내와 임금의 쫓겨날 아내가 서로 의지해 잠 못 이루는 밤을 견뎌야 하는 것이다.

"그래도 주상의 마음 씀씀이가 고맙네. 자넬 지켜주려고 하는 마음이 갸륵하지 않은가."

폐비는 상심에 젖은 조카를 위로하며 편안히 잠자리에 들 수 있도록 다독였다. 그러나 부부인 신씨는 알고 있었다. 남편은 소심하고 겁이 많은 사람이다. 설령 부부의 의리를 지키고자 할지라도 반정 주역들이 거세게 나오면 끝내 꼬리를 내리고 말 터였다.

그 시각, 편전에서는 삼대장과 대신들이 새 임금을 붙잡고 폐세자 등의 처리 문제를 의논하고 있었다. 박원종이 왕에게 아뢰었다.

"폐세자 황과 창녕대군 이성, 양평군 이인, 이돈수를 도성 근처에 두어서는 아니 됩니다. 외진 고을을 골라 안치하고 잡인의 출입을 금하소서."

반정 주역들은 연산군의 어린 자식들을 특히 경계했다. 도둑이 제 발 저리는 격이었다. 꿀리는 것이 있으니 불안 요소에 과

민하게 반응하는 것이다.

그들은 사화의 피바람이 조정을 덮치는 와중에 바른말을 아끼고 폭군에게 복종하여 살아남았다. 사림과 재야 일각에서는 그들 또한 청산 대상으로 보고 있었다. 반정을 일으킨 것은 변고가 일어날 조짐이 농후했기 때문이다. 자기들이 화를 입을까 봐 먼저 손을 쓴 것이다.

반정은 성공한 듯 보이지만 아직은 모든 것이 불안했다. 전라도에서 거병한다던 이과, 김준손, 유빈이 어찌 나올지 가늠할 수 없다. 애초 변란을 도모했다던 이장곤도 아직 종적이 묘연하다. 게다가 도적 홍길동과 활빈당의 움직임이 수상쩍다는 보고도 있다. 나라에서 비밀리에 관리하는 체탐인(첩보원)들을 풀어 동태를 확인할 필요가 있다. 이자들이 만약 반정을 인정하지 않고 군사를 일으킨다면 큰일이다. 마땅히 최악의 상황에 대비해야 한다.

그런 의미에서 연산군의 자식들은 화근이다. 왕의 나라에서 반도들이 거사하려면 왕손을 간판으로 세워야 한다. 그 아이들은 사대부와 백성들이 납득할 수 있는 왕위 대체자들이다. 비록 연산군의 핏줄이지만 아직 나이가 어려 눈감아줄 수 있다.

삼대장은 우선 왕자들을 격리하기로 했다. 10살 폐세자 황은 강원도 정선, 7살 창녕대군 이성은 충청도 제천, 9살 양평군 이인은 황해도 수안, 6살 이돈수는 황해도 우봉에 보내라고 임금에게 주청했다.

"죄인들을 각각 관아 근처에 안치하되 담을 높이 쌓고 보초를 엄히 세워 외부 접촉을 막는 것이 좋겠습니다. 또 수령은 월말에 관찰사에게 근황을 보고하고, 관찰사는 이를 즉시 조정에 알려 중앙의 통제를 받도록 해야 합니다."

새 임금은 저들의 청을 들어줄 수밖에 없었다. 기세등등하여 도저히 거부할 수 없는 청이었기에 따르면서도 속마음은 괴로웠다. 아직 10살도 되지 않은 연약한 아이들이다. 멀리 내치자니 한없이 가엾고 안쓰러웠다.

"폐세자와 성, 인, 돈수는 모두 나이가 어려 먼 길을 걸어갈 수 없다. 가마라도 탈 수 있게 함이 어떤가?"

왕은 조카들에게 뭐라도 해주고 싶은 마음이었다. 연산군은 비록 폭군이었지만 진성대군에게는 너그러웠고 은정도 많이 베풀었다. 반정으로 인해 형의 어린 자식들이 해를 입는 일은 막아주고 싶었다.

"죄인은 가마를 탈 수 없습니다."

박원종이 매몰차게 일축했다. 왕은 기분이 나빴다. 임금의 말을 싹뚝 자르다니……. 옹립했다고 하여 함부로 대하는 것인가. 연산군이었다면 능상의 죄를 물어 찢어 죽였을 것이다. 하지만 그는 아무 힘도 없는 왕이었다. 누구보다 그런 자신을 잘 알고 있었다.

분위기가 어색해지자 성희안이 중재에 나섰다. 죄인의 자식들이니 가마는 내줄 수 없지만 들것이라면 가능하다고 아뢰었다.

임금의 체면을 슬쩍 세워주고 논의를 이어가려고 한 것이다. 처리해야 할 현안이 산더미였다. 군신의 회합은 밤이 깊도록 그칠 줄 몰랐다.

삼경 삼점(자정 무렵) 북 세 번, 징 세 번의 시보가 울리고 나서 얼마 지나지 않아 장옷을 쓴 여인이 자선당 앞에 나타났다. 입구를 지키고 선 겸사복 갑사는 주위를 둘러보고 재빨리 문을 열어 여인을 들여보냈다. 폐비가 조카를 재운 다음 대청에 나와 기다리고 있었다.

"마마, 세자 저하와 아기씨들을 모셔드리고 왔사옵니다."

본방 상궁 공심이 청파촌 무당집에서 돌아와서 인사를 올렸다. 공심은 지난날 폐비가 세자빈이 되어 입궁할 때 사가에서 데려온 몸종이었다. 어려서부터 폐비와 함께 자란 말동무였으며, 궁궐에서는 누구보다 충실한 심복이었다.

"아이들은 어떤가? 밥은 챙겨 먹었고?"

폐비는 어느 때보다 차분하게 말했다. 아무리 봐도 반정으로 중전 자리에서 쫓겨난 사람 같지 않았다. 평소와 마찬가지로 어린 자식들의 식사가 궁금할 따름이다. 어쩌면 평소 같지 않은 날이라 더 궁금했는지도 모른다.

"모두 무사하십니다."

공심은 아무렇지도 않은 듯이 말했다. 고단하고 충격적인 하루를 보낸 폐비에게 더는 심려를 끼치고 싶지 않았다. 그러나 청파촌의 일을 떠올리면 왈칵 눈시울이 붉어졌다.

폐세자 황과 아기씨들은 무당집에 당도했지만 해가 저물도록 아무것도 먹지 못했다. 뜻밖의 손님들을 맞은 무당이 허둥지둥하다가 땅거미가 질 무렵에야 왕자들의 밥상을 내왔다. 젓갈과 푸성귀 절임에 청어를 두어 마리 구워 상을 차렸다.

창녕대군 성이 가만히 밥상을 보다가 숟갈을 내려놓았다.

어찌 새끼 꿩을 올리지 않느냐?
　　　　　　　　　－《연려실기술》〈연산조 고사본말〉

폐세자가 고개 돌려 어린 동생을 망연히 바라보았다. 대군은 자신의 처지가 어찌 된 것인지 알지 못했다. 폐세자는 자상하게 동생을 타일렀다.

"성아, 숟가락을 들어라. 내일은 이런 밥을 얻어먹어도 다행일 것이다."

이 광경을 보고 아기씨들을 따르던 유모와 궁인들이 모두 눈물을 흘렸다. 본방 상궁 공심도 뒷마당으로 나가 옷고름을 쥐고 한참을 울었다.

서글픈 기억을 떠올리는 상궁의 얼굴을 폐비가 측은하게 들여다보았다. 내색하지 않으려 애쓰고 있지만 수심이 가득함을 모를 리가 없었다.

"괜찮네, 괜찮아. 나는 이미 다 내려놓았네. 자네도 너무 걱정하지 마시게."

"마마……."

어둠에 잠겨 잔뜩 찌푸린 하늘이 자선당 대청마루를 내려다보고 있었다. 가을비가 추적추적 내리는 밤이었다.

살아내고 살아내야 할

"아버지? 아버지세요? 소녀 숙영입니다."

부부인 신씨는 버선발로 낯선 강가를 헤매다가 포구에 서 있는 아버지를 발견했다. 굽이쳐 흐르는 강물을 바라보며 돌아서 있지만 틀림없는 아버지 신수근이다.

숙영은 한사코 다가가려고 했지만 좀처럼 거리가 좁혀지지 않았다. 한 발 나아가면 아버지의 등도 그만큼 멀어지는 것이다. 숙영이 소리쳐 불렀지만 대답은 돌아오지 않았다. 다만 나직이 읊조리는 아버지의 노래만이 물결치듯이 밀려왔다. 시경 북풍 편이었다.

"북풍은 차갑게 불어오고 눈비 펑펑 쏟아지네(北風其凉 雨雪其雱). 사랑하여 나를 좋아하는 이와 손 붙잡고 함께 떠나리(惠而好我 携手同行). 어찌 우물쭈물 주저하는가, 이미 급박해졌거늘(其虛其邪 旣亟只且)."

신수근의 목소리는 담담하고 흔들림이 없었다.

"숙영아, 화란(禍亂)이 급박하게 닥쳐오고 있다. 겁내지 마라. 찬바람과 진눈깨비를 두려워 마라. 살아내거라. 은애하는 사람과 손잡고 함께 가거라. 알겠느냐?"

숙영은 입술을 깨물고 고개를 끄덕였다. 변고를 당한 사람의 지상과제는 살아내는 것이다. 아버지는 그것을 죽음으로써 일깨워준 것이다. 그렇게 태산처럼 듬직하고 고요했던 뒷모습으로 작별을 고했다.

신씨 부인은 눈을 번쩍 떴다. 꿈이었다. 양 볼을 타고 눈물이 흘러내려 베개가 흠뻑 젖었다. 먼동이 터 동창이 옥빛으로 물들었다. 9월 초사흘이 밝았다. 고통스럽지만 살아내야 할 또 다른 하루였다.

숙영이 옷을 갖춰 입고 방을 나서니 고모가 대청마루에 다소곳이 앉아 있었다. 부부인이 문안을 올리자 폐비는 말간 얼굴로 맞이했다. 밤을 꼬박 지새운 모양이지만 피곤한 기색이 한 점도 보이지 않았다. 오히려 홀가분한 표정이었다.

본방 상궁 공심이 나와 목욕물이 준비되었다고 아뢰었다. 폐비는 이제 궁에서 나갈 채비를 해야겠다며 일어나 욕간으로 걸음했다. 공심도 짐을 꾸리기 위해 방에 들어가려고 하는데 부부인이 소매를 붙잡았다.

"자네 혹시 간밤의 일을 아는가? 사정전(임금의 편전)에서 어떤 의논이 있었는가? 자경전(대비의 거처)에서는 아무 소식도 없었는가?"

"소인이 좀 아까 내관에게 듣기로 자경전은 잠잠하다고 하더이다. 그리고 사정전 쪽에서는……."

상궁 공심은 간밤에 삼대장과 대신들이 주상에게 몰려가서 압박한 끝에 폐세자와 아기씨들을 기어이 외진 곳에 유폐하기로 했다는 소식부터 전했다. 그리고 부부인 또한 중전으로 삼을 수 없으니 내보내라고 대신들이 강요했으나 주상이 조강지처를 어찌 내치느냐며 버텼다는 풍문도 들려주었다.

신씨 부인은 사랑하는 사람과 손잡고 함께 가라던 아버지의 노래를 떠올렸다. 내가 손 내밀면 그이가 잡아줄까? 그래도 조강지처를 지키려고 했다는 말을 들으니 마음이 아랫목처럼 뜨뜻해졌다. 겁 많고 유약한 사람인 줄로만 알았는데…….

왕자들의 유폐는 심히 걱정스러운 대목이었다. 후환을 염려하여 외부 접촉을 차단하려는 의도라면 유폐에 그치지 않고 처단으로 이어질 수도 있기 때문이다. 숙영은 한숨을 쉬었다. 중전으로 책봉되었다면 주상을 도와 어떻게든 막아볼 수 있으련만 지금 처지로는 아무것도 할 수 있는 것이 없다.

부부인은 왕실의 일원으로서 정치를 체감하며 살아왔다. 반정이 어떤 후폭풍을 몰고 올지 눈앞에 그려졌다. 분명한 것은 반정이 성공했다고 해서 이것으로 끝은 아니라는 것이다. 가장 어둡고 잔혹한 비극은 이제 막 시작될 터였다.

신씨 부인이 염려하는 사이에 폐비가 목욕재계하고 출궁 준비를 마쳤다. 백색 당의와 남색 치마 차림이었다. 당의는 양반가 부녀자의 겉옷이다. 대개 금박과 자수로 멋을 내는데, 폐비는 아무런 장식도 없는 소박한 옷을 걸쳤다.

숙영은 돌이켜보았다. 왕비의 대례복인 적의가 얼마나 잘 어울리는 고모였던가. 적의에는 친애(親愛)와 해로(偕老)를 상징하는 꿩 문양이 빼곡하다. 이 문양은 청, 백, 홍, 흑, 황의 다섯 가지 색을 쓰는데, 각각 인(仁), 의(義), 예(禮), 지(智), 신(信)을 의미한다. 중전이 마땅히 갖춰야 할 덕성이다. 고모가 그런 왕비였다.

폭군 연산도 고모에게는 늘 깍듯했다. 지난 1월 종루에 임금을 살해하겠다는 익명서가 붙었을 때 연산군은 노발대발하여 혐의가 있는 자들을 닥치는 대로 잡아들이려고 했다. 특히 사화에 연루되어 죽은 자들의 친족과 외족, 그리고 처족이 화근이라며 모조리 도륙하겠다고 날뛰었다. 그때 왕의 광기를 잠재운 사람이 고모였다.

폐비는 연산군의 폭거가 간신히 명맥을 유지해온 조선의 통치 체제를 완전히 무너뜨릴 것이라 여기고 오라버니 신수근에게 도움을 청했다. 자신은 왕실을 아우르고 오빠는 조정을 대표하여 간절히 만류했다. 폐비로서는 처음이자 마지막으로 내조를 넘어 국정에 간여한 것이다. 그 덕분에 연산군을 달래고 학살을 막을 수 있었다. 족히 수천 명의 목숨을 구한 셈이다.

중전의 예복인 붉은색 원삼에는 가슴과 등, 양어깨에 금실로 수놓은 오조룡 장식을 붙였다. 오조룡은 발톱이 다섯인 용으로 최고의 권능을 상징한다. 조선에서 예복에 오조룡을 쓸 수 있는 사람은 국왕과 왕비 두 사람뿐이다. 폐비는 연산군과 달리 겉으로 드러내지 않는 온화한 권능으로 나라와 백성을 지켜냈다.

그랬던 폐비가 이제 모든 것을 내려놓고 궁궐에서 나가고 있다. 머리에 꽂은 죽잠(대나무 비녀)이 신씨 부인의 눈에 밟혔다. 소탈하면서도 절개를 잃지 않는 국모의 퇴장이다. 숙영은 돌아서서 걸어가는 고모의 뒷모습을 하염없이 바라보았다. 어린 시절 몸종이자 동무였던 본방 상궁 공심이 주인의 뒤를 따르고 있었다.

칼춤은 멈추지 않고

경복궁을 나선 폐비 신씨는 정청궁으로 향했다. 정청궁은 선왕 성종의 후궁들이 여생을 보내는 곳이었다. 대비는 이곳을 며느리의 거처로 정했다.

궁궐 밖을 걷는 것은 18년 전 세자빈에 간택되어 입궁한 후로 처음이었다. 걸음을 옮길 때마다 자꾸 신발이 벗겨졌다. 공심이 도우려고 했지만 폐비는 고개를 가로저었다. 수건을 찢어 스스로 신을 동여맸다.(《연려실기술》〈연산조 고사본말〉)

도성은 반정으로 한껏 들뜬 분위기였다. 거리마다 백성들이 쏟아져 나와 북새통이었다. 반정에 누가 활약하고 누가 죽었는지 물어보며 웅성거렸다. 새 임금과 반정 주역들이 누구를 임명하고 누구를 내쳤는지도 관심사였다. 연산군에게 아부하다가 눈치보고 반정에 가담한 대신들은 욕받이였다. 간도 쓸개도 없다며 비루하게 여겼다.

폐비로서는 다행스러운 일이었는지도 모른다. 거리가 북새통이다 보니 전날까지만 해도 중전이었던 신씨가 길을 가는 모습을 아무도 주목하지 않았다. 폐비는 편복 차림의 선전관 두 사람에게 길안내를 받으며 천천히 정청궁으로 나아갔다.

폐비 일행이 군기시 근처를 지날 때의 일이었다. 어떤 자가 도로 한가운데로 뛰쳐나와 고함을 질렀다.

"장녹수를 처형한다!"

외침과 함께 사람들이 우르르 몰려갔다. 군기시 앞에 처형장이 열린 것이다. 삽시간에 군중이 구름떼처럼 모였다. 이윽고 군기시 첨정 박영문이 죄인들을 끌고 나타났다. 연산군의 총애를 받았던 후궁 장녹수, 전비, 백견이었다.

"죄인들은 폭군을 현혹하여 국고를 탕진하고 백성의 고혈을 빨아먹었으니 이에 어명으로 참한다."

박영문이 포고문을 읽고 수신호를 보내니 옥리들이 장녹수부터 끌어냈다. 먼저 얼굴에 물을 뿜고 석회를 뿌려 눈을 뜨지 못하도록 했다. 이어서 오랏줄로 손발을 결박한 다음 멍석에 죄인을 엎어 놓고 머리카락은 장대에 묶었다. 목 아래에는 목침을 대어 참수하기 편하게 했다.

옥리들이 준비를 마치자 망나니가 참도를 들고 장녹수에게 다가갔다. 언월도처럼 생긴 참도는 칼날이 두텁고 육중했다. 망나니는 참도를 휘두르다가 그 무게를 이용해 녹수의 목을 내려찍었다. 목이 떨어져 나가자 옥리들이 머리카락을 묶은 줄을 당겨

장대에 효수했다. 폭군을 휘어잡고 부귀영화를 누린 장녹수의 비참한 최후였다.

전비와 백견도 녹수의 뒤를 따랐다. 연산군이 총애한 후궁들의 시신은 백성들에게 넘겨졌다. 사람들은 앞다퉈 기왓장과 돌멩이를 던졌다. "일국의 고혈이 탕진된 곳"이라며 국부를 겨냥하기도 했다. 시신들은 금세 돌무더기 속으로 사라졌다.

폐비는 멀찍이 떨어져서 그 참혹한 광경을 지켜보다가 씁쓸한 표정을 지으며 돌아섰다.

유자들은 예로부터 폭군을 요부와 결부시켰다. 중국 하나라 걸왕은 말희와 주지육림에서 노닐다가 인심을 잃었고, 은나라 주왕은 달기와 포락형(불에 달군 구리 기둥 위를 걷게 하는 형벌)을 즐기다가 원망을 샀다.

경국지색, 나라를 기울게 하는 여색이란다. 하지만 자기 임금과 마지막까지 운명을 같이하는 것 또한 여인네들이다. 말희는 걸왕과, 달기는 주왕과 최후를 함께했다. 의자왕의 삼천 궁녀는 낙화암에서 몸을 날렸다. 그리고 장녹수와 후궁들은 폭군의 죄를 뒤집어쓰고 참형을 당했다. 자의이든 타의이든 결과적으로 의리는 지킨 셈이다.

그렇다면 저 반정 주역들은 어떤가? 그들에게는 과연 책임이 없는가? 삼대장과 대신들은 폭정의 공범이나 마찬가지다. 충성 서약까지 버젓이 한 바 있다. 하지만 그들은 폭정에 대한 백성의 분노를 호도했다. 책임을 교묘히 왕의 여자들에게 돌렸다.

폐비는 섬뜩한 기운에 전율했다. 고개를 든 불길한 예감이 참도를 휘두르며 칼춤을 추었다.

정오가 지나자 영의정 유순, 좌의정 김수동, 우의정 박원종, 청천부원군 유순정, 무령부원군 유자광, 능천부원군 구수영 등이 빈청에 모였다. 1품 이상 재상으로 반정에 앞장선 사람들이다. 그들은 폐세자와 폐비, 왕자들의 일을 의논하고 임금에게 아뢰었다.

"폐세자 이황, 창녕대군 이성, 양평군 이인, 그리고 이돈수를 오래 두어서는 안 되니, 모름지기 일찍 처단하소서. 또 폐비 신씨가 정청궁에서 선왕의 후궁과 함께 거처하는 것은 옳지 않으니, 동대문 밖 광평대군 집에 안치하는 것이 어떠합니까?"

그러나 임금은 난색을 표했다.

"황 등은 모두 어리고 연약하니 차마 처단하지 못하겠다. 또 폐비는 허물이 없는데 성문 밖으로 내치면 가련하지 않겠는가? 도성 안에 둔다고 무슨 안 될 일이 있겠는가?"

왕이 거부 의사를 나타냈지만 재상들은 물러서지 않았다.

"인심이 이미 정해졌으니 모름지기 대의로써 결단하소서. 황 등을 처단하고 폐비는 신승선의 집을 수리해서 옮기도록 하는 게 좋을 듯합니다."

임금도 이번에는 뻗댔다. 어린 조카들을 죽이는 것은 아무리 생각해도 못 할 노릇이었다.

"폐비는 그렇게 하시오. 황 등은 비록 살려둔들 무슨 방해가 되겠는가? 목숨만은 거두지 않는 게 좋겠소."

그러자 박원종이 눈을 부릅뜨고 목소리를 높였다.

"이는 국가의 큰일입니다. 차마 못 하신다면 전하에게 누가 될지도 모릅니다. 여러 사람의 뜻이 이와 같으므로 감히 다시 여쭙습니다."

임금에게 누가 될지도 모른다는 말은 사실상 협박이었다. 박원종은 막판에 거병할 것을 결단하여 반정에 가장 큰 공을 세웠다. 게다가 무인이라 삼대장 중에서도 위세가 등등했다. 왕은 자신에게 아무 힘도 없다는 것을 절감했다.

"황 등은 내가 차마 처단하지 못하겠으나, 정승이 종사에 관계된 일이라 하니 따르겠다."

드디어 황, 성, 인, 돈수를 사사하라는 전교가 내려졌다. 10살도 안 되는 어린아이들이었다. 정청궁에 당도하여 쉬고 있던 폐비는 이 소식을 듣고 혼절하고 말았다.

그날 밤 처소에서 깨어난 폐비는 가슴을 치며 통곡했다.

"내 여러 번 간해도 낭군이 끝내 고치지 않더니 이 지경에 이르렀다. 변고를 자초한 사람이야 죽어도 할 말 없겠지만 불쌍한 두 아이(폐세자와 창녕대군)는 어찌할꼬."

임금을 입맛대로 요리한 박원종과 대신들은 의기양양하여 취흥원으로 갔다. 취흥원에는 연산군의 총애를 받은 흥청들이 모여 살았다. 반정 주역들은 저마다 마음에 드는 흥청을 취했다. 전리품을 나누어 가지는 것과 다를 바 없었다. 나머지는 모두 집으로 돌려보냈다. 연산군의 보물창고는 허망하게 사라졌다.

　자선당에 홀로 남겨진 신씨 부인은 금실로 십장생 무늬를 수놓은 주머니를 만지작거리고 있었다. 그 안에는 백옥나비떨잠이 들어 있었다. 나비 모양의 장식이 달린 옥비녀였다. 부부의 정에 눈뜬 진성대군이 변함없이 은애하겠다며 정표로 선물한 것이다. 홀로 군주가 되신 그분은 지금 무엇을 하고 계실까?

　경연을 마치고 침전에 든 새 임금은 뜻밖의 손님으로 인해 깜짝 놀랐다. 상선이 흥청 능소화를 데리고 들어온 것이다. 무령부원군 유자광이 주상 전하에게 바치는 특별한 선물이라고 했다. 왕은 대군 시절에 능소화가 만세산에서 거문고 타는 모습을 황홀하게 바라본 적이 있었다. 월궁의 항아가 따로 없었다. 그 절세미녀를 자신의 침전에서 맞이하자 젊은 왕은 정신이 아득해지고 말았다.

폭정의 두 얼굴

그가 꿈꾸는 나라

인생은 풀잎에 맺힌 이슬과 같아(人生如草露)

만나서 함께할 시간이 많지 않도다(會合不多時)

9월 초하루 정오에 폭군 연산은 후원에서 잔치를 열었다. 왕이 풀피리를 두어 곡조 불더니 자리에서 일어나 처용무를 추며 비탄조로 오언절구를 읊었다. 뺨을 타고 눈물이 흘러내렸다. 때 아닌 청승에 나인들이 몰래 비웃었는데 오직 장녹수만은 임금을 따라 슬피 흐느꼈다. 1년 전에 세상을 떠난 임숭재를 그리는 마음이었다.

풍원위 임숭재는 일찍이 성종의 딸 휘숙옹주와 부부의 연을 맺었다. 연산군에게는 이복 여동생의 남편이니 매제였다. 그는 화류계를 주름잡는 풍류객이었다. 춤과 노래에 능하여 장악원 제조를 지냈다. 임금에게 처용무를 가르쳐주기도 했다.

연산군과는 죽이 잘 맞았다. 연회, 나들이, 사냥 등 왕이 거둥하는 데마다 부름을 받아 곁을 지켰다. 신임이 얼마나 두터웠는지 평상복을 입고 궁궐에 마음대로 출입할 수 있었다. 장녹수의 재주를 알아보고 임금에게 귀띔해준 이도 그였다.

1년 전 임숭재는 채홍준사로 임명되어 경상도에 다녀왔다. 채홍준사는 맡은 지방에서 여자와 말을 뽑아 임금에게 바치는 임무를 수행했다. 사냥에 쓸 준마도 구해야 하지만 재능 있는 미녀를 찾아내는 것이 관건이었다.

채홍준사 임숭재를 경상도 수령들은 호화롭게 맞이했다. 임금의 신임이 두터운 총신이니 잘 보이고자 함이었다. 임숭재가 수레를 타고 다니며 융숭한 대접을 받는 것을 보고 사대부들은 무슨 왕의 행차냐고 욕했다.

그는 선비들이 뭐라고 수군거리든 개의치 않았다. 그것은 전혀 중요하지 않았다. 임금에게 부여받은 채홍준사 소임에만 전념했다. 신성한 임무를 수행하는 양 기녀를 감식하고 준마를 감별했다. 임숭재가 혼신의 임무를 마치고 귀환하자 연산군은 두모포(옥수동)까지 승지를 보내 영접했다.

왕은 그를 지음(知音)이라 여겼다. 옛날 중국의 거문고 명인 백아는 자신의 소리를 잘 안다고 하여 종자기를 가장 소중한 벗으로 꼽았다. 종자기가 죽자 백아는 이제 자기 소리를 아는 자가 없다며 거문고 줄을 끊었다.(《열자》〈탕문〉) 연산군은 임숭재가 종자기처럼 자신의 심중을 잘 안다고 믿었다.

임숭재는 좌참찬 임사홍의 아들이다. 임사홍은 성종 때 사림파 관원들이 사사건건 국왕의 허물을 들추자 반기를 든 인물이다. 당시 대간들은 흙비(황사비)가 내린 것을 두고 하늘의 경고이니 임금이 근신해야 한다고 주장했다. 임사홍은 흙비는 하늘이 내린 변고가 아니며 임금과는 무관하다고 했다가 사림파의 집중 탄핵을 받고 소인(小人)으로 몰려 조정에서 쫓겨났다.

임사홍이 복권된 것은 연산군이 즉위한 뒤에 임숭재가 탄원한 덕분이다. 임숭재는 사대부들이 절의 있는 선비라는 명성을 얻기 위해 임금의 허물을 들추고 대신을 마구 헐뜯는다며 그 폐단이 조선을 뒤덮은 지 오래라고 성토했다.

"조선은 선비들이 숭배하는 성현의 말씀으로 다스립니다. 선왕께선 그것을 바탕으로 경국대전을 완성하고 통치 질서를 온전히 하셨지요. 그러나 오늘날 성현의 말씀은 사대부들이 가식을 떨고 명리를 추구하는 수단으로 전락했습니다. 전하의 치세에 필요한 것은 고루하고 위선적인 옛 성현의 말씀이 아니라 현세의 복락(福樂)이 넘치는 태평성대의 도입니다."

연산군은 임숭재의 탄원을 받아들이며 어려서부터 품은 속내를 드러냈다.

"그대는 아는가? 내 아버지가 이룩한 성리학의 나라가 어머니를 죽음으로 몰아넣고 국왕을 욕되게 했다는 것을……."

아버지와 아들

연산군의 아버지 성종은 1469년 13살의 나이로 왕위에 올랐다. 성종 이혈은 세조의 요절한 맏아들 의경세자의 둘째아들이었다. 직전에 승하한 예종의 원자도 있고 친형 월산군도 있어 원래는 보위에 오를 순번이 아니었다.

그러나 대왕대비 정희왕후는 원자가 4살로 어리고 월산군은 병약하다며 성종을 후계자로 지목했다. 진짜 이유는 따로 있었다. 이혈이 훈구파 우두머리 한명회의 사위였기 때문이다. 성종의 즉위는 훈구파와 대왕대비의 합작품이었다.

어린 임금은 세조비 정희왕후, 예종비 안순왕후, 생모 소혜왕후의 치마폭에 싸여 국왕 수업을 받았다. 나랏일은 원상(院相)이라 하여 훈구대신들이 승정원에 앉아 처리했는데, 정희왕후의 노련한 수렴청정 덕에 무난하게 굴러갔다.

성종은 아침, 점심, 저녁 하루 세 차례 경연도 모자라 한밤중에 자문관을 불러 야대(夜對)까지 하며 경전과 역사를 파고들고 국정에 대한 식견을 키워나갔다. 특히 사림파가 주창하는 신유학에 조예가 깊었다. 반듯한 성리학자 임금으로 성장한 것이다.

20세가 되어 친정(親政)에 나선 성종은 성리학적 통치 체제를 정립하고자 했다. 우선적으로 역점을 둔 일은 선비의 언로를 활짝 여는 것이었다. 젊은 왕은 사헌부, 사간원, 홍문관 등 언론삼사를 정비하고 지방에서 학문에 매진해온 사림파를 대거 등용했다. 성리학자 임금의 포부를 펼치기 시작한 것이다.

문제는 '왕의 여자'였다. 한명회의 딸인 공혜왕후는 자식을 보지 못하고 1474년 일찍 세상을 떠났다. 2년 후 성종은 빈 중전 자리를 아기를 밴 후궁에게 넘겨주었다. 이 여인이 폐비 윤씨이고 이 아이가 훗날의 연산군이다.

그런데 성종과 중전 윤씨는 부부싸움이 잦았다. 젊은 왕은 출근하면 성리학적 통치 체제를 일구느라 바빴고, 퇴근 후에는 자식 생산에 열과 성을 다했다. 재위 중 3명의 왕비와 9명의 후궁에게서 아들 16명과 딸 12명을 보았을 정도다.

중전 윤씨는 아들을 낳자마자 또다시 임신했다. 밤마다 딴 여자를 찾아가는 임금이 야속했다. 부부싸움을 했다. 싸우다가 왕의 얼굴에 손톱자국까지 냈다. 성리학자 임금은 중전이 투기에 눈이 멀어 방자하게 군다며 격분했다. 감정의 골이 깊어졌다.

결국 사단이 나고 말았다. 왕비의 방에서 주머니에 든 비상(독약)과 저주를 거는 책자가 나온 것이다. 신변의 위협을 느낀 임금은 위험한 윤씨를 당장 쫓아내려고 했다. 신하들은 어린 원자를 생각해 국모를 용서해달라고 간청했다.

이 사건은 여종에게 책임을 묻는 선에서 매듭지어졌다. 그러나 2년 후 성종은 다시 한번 폭발했다. 이번에는 단단히 작심한 듯 신하들의 만류에도 중전을 폐하여 사가(私家)로 쫓아냈다.

> 일전에 내가 후궁의 방에 있는데 중전이 불쑥 난입했다. 지난 날의 행실을 고치기는커녕 나를 능멸하는 지경까지 이르렀다.
>
> – 《성종실록》 1479년 6월 2일

폐비 윤씨가 사가에 머물자 민심이 술렁거렸다. 백성들은 남편에게 쫓겨난 아내를 동정하기 마련이다. 원자의 세자 책봉 문제가 거론되자 신하들도 생모 윤씨를 싸고돌았다. 심지어 사가에 출입하는 사람들도 있었다. 그것이 윤씨의 수명을 단축했다. 쫓아낸 지 3년 만에 왕은 후환을 없애기 위해 폐비에게 사약을 내렸다. 원자의 생모를 왜 죽여야만 했을까?

> 흉하고 간사한 폐비가 국권을 잡으면 원자가 아무리 현명해도 소용없다. 측천무후의 재앙이 벌어질까 섬뜩하다. 한무제는 후사를 위해 죄 없는 구익부인을 죽였는데 폐비는 용서 못 할 죄까지 있다."
>
> – 《연려실기술》〈성종조 고사본말〉

성종은 폐비 윤씨가 어린 아들을 끼고 국권을 잡을까 우려했다. 이미 왕비 시절에 "족적마저 없애버리겠다"며 왕을 위협한 여인이다. 족적은 임금의 업적을 뜻한다. 내 아들이 즉위하면 당신의 업적을 지워버리겠다는 뜻이다. 성종이 심혈을 기울이던 성리학적 통치 체제가 물거품이 될지도 몰랐다.

한무제는 말년에 얻은 황자 불릉을 후계자로 삼고자 생모 구익부인에게 자결을 명했다. 1482년 조선 성종은 이 고사를 인용하며 폐비의 목숨을 거두었다. 나라에서든 가정에서든 여성이 권력을 잡는 것을 원천적으로 봉쇄하기 위함이었다.

어머니가 궁궐에서 쫓겨나고 사약을 받아 죽는 동안 원자 이융은 나이가 어려 그 경위를 온전히 알기 어려웠을 것이다. 건강이 좋지 않아 문신 강희맹의 집에서 보양하느라 생모와 떨어져 지내기도 했다. 그렇다고 어머니의 폐출과 죽음을 전혀 몰랐을 리는 없다. 처음에는 어렴풋이 알다가 자라면서 하나둘 주워들으며 진상을 그려나갔을 것이다. 어려서부터 아버지에게 곧잘 반감을 드러낸 것도 따지고 보면 이와 무관하지 않았으리라.

성종은 사향 사슴 한 마리를 길렀는데, 궁궐 후원을 산책할 때면 그 사슴이 주인 곁을 떠나지 않았다. 하루는 연산군이 아버지와 함께 있는데, 사슴이 와서 핥았다. 연산군은 사슴을 발로 차서 쫓아버렸다. 성종은 주인을 따르는 짐승을 잔인하게 대한다며 어린 아들을 꾸짖었다. 연산군은 아버지의 뒤를 이어 즉위하자 손수 그 사슴을 쏴 죽였다.

기질 차이도 작용했을 것이다. 성종은 어려서부터 학업에 성실히 임한 모범생이었다. 하루 세 차례 이상 경연을 하고 신하들과 토론을 즐겼다. 이에 반해 연산군은 학문에 뜻이 없었다. 어쩌면 어머니를 투기로 몰아 죽음에 이르게 한 성리학을 불신했는지도 모른다.

문신 조지서가 경전을 들이대며 엄하게 가르치자 앙심을 품고 벽에 '소인(小人)'이라 써 붙이기도 했다. 공교롭게도 조지서는 훗날 갑자사화 때 피바람을 피하지 못하고 목숨을 잃었다. 왕위에 오른 제자는 스승이라고 봐주지 않았다.

아들의 삐뚤어진 면모를 아버지가 모를 리 없었다. 1483년 원자가 8살이 되어 세자로 책봉할 무렵 성종은 고심을 거듭했다. 왕위를 물려주기에는 모난 성품이 걱정스러웠다. 그러나 대안이 없었다. 계비인 정현왕후에게서 진성대군이 태어난 것은 그로부터 5년 후의 일이었다.

세자가 되고 나서 연산군은 더욱 엇나갔다. 성종이 불러도 아프다는 핑계로 무시하기 일쑤였다. 할머니 소혜왕후에게 술 올리는 자리도 빠졌다. 임금이 정말 아픈지 확인하려고 나인을 보내자 죽이겠다고 협박하여 병이 있다고 아뢰게 했다.

아버지와 학업에 대한 세자의 반감은 점차 성리학적 통치 체제로 옮아갔다. 성종은 정치의 요체가 언론의 확대에 있다고 믿었다. 관리를 감찰하는 사헌부, 임금에게 간언하는 사간원, 국정을 자문하는 홍문관에 사림파를 대거 등용했다. 향촌에서 학문을 갈고닦은 재야의 선비들이 성리학적 통치 체제의 핵심 요직을 차지한 것이다.

훈구대신들은 성리학으로 단단히 무장하고 탄핵과 간언을 거세게 퍼붓는 사림파의 공세에 쩔쩔맸다. 문제는 임금도 예외가 아니었다는 점이다. 사림파 관원들은 성종 앞에서도 간언이라는 명목으로 과격한 발언을 남발했다.

신하의 도는 의(義)를 따르는 것이지, 임금을 따르는 것이 아닙니다.

— 《성종실록》 1493년 10월 27일

홍문관 전한 성세명이 아뢴 말이다. 임금의 면전에서 신하는 임금을 따르는 것이 아니라 의를 따르는 것이라고 호기롭게 밝혔다. 성종은 어쩌다가 신하에게 이런 말을 듣게 되었을까?

그해 조선 땅에는 지진, 우박 등 자연재해가 빈번했다. 사헌부에서는 뜬금없이 영의정 윤필상을 탄핵했다. "하늘의 변고가 거듭되는 것은 수상(영의정) 자리에 적절하지 못한 자가 앉아 있기 때문"이라는 주장이었다. 성리학을 신봉하는 선비들은 하늘과 사람이 서로 감응한다고 믿었다. 천변이 거듭되는 것은 누군가 잘못을 범하여 하늘이 노한 것이다. 이에 임금이나 대신들의 허물을 들춰 하늘이 변고를 내리는 이유로 몰아갔다.

윤필상에 대한 탄핵이 그랬다. 그 이면에는 정치적 의도가 숨어 있었다. 삼사에서 탄핵을 남발하고 거친 간언을 쏟아내는 바람에 국정이 마비될 지경에 이르자 윤필상은 자제해줄 것을 요청했다. 그러자 사림파 관원들은 영의정이 임금의 편에 서서 나라의 언로를 가로막았다며 탄핵에 나선 것이다.

영의정 윤필상은 사직상소를 올렸다. 잘못이 있든 없든 탄핵을 받은 대신은 사직을 청하는 것이 관례였다. 성종은 '불윤비답(不允批答)'을 내렸다. 사직을 윤허하지 않는다는 뜻이니 사실상 신임장이나 마찬가지였다.

왕은 홍문관 교리 유호인을 불러 불윤비답을 윤필상에게 전하라고 하교했다. 하지만 유호인은 불윤비답의 전달을 거부하고 오히려 뜻을 거두어달라고 청했다. 임금은 화가 치밀었다. 속셈이 뻔히 보였기 때문이다.

유호인은 윤필상에게 불윤비답을 전하러 갔다가 정승에게 아부하는 자로 세간의 입방아에 오를까 몸을 사린 것이다. 사림파는 평판을 매우 중요하게 여겼다. 절개를 잃은 선비로 낙인찍히면 사림에 발붙이기 힘들었다. 그렇다고 국왕의 하교를 거역하다니 성종으로서는 심히 괘씸한 일이었다. 홍문관 교리 유호인이 고집을 꺾지 않자 노기를 드러내며 하옥하려고 했다.

그러자 상관 성세명이 달려와 "신하의 도는 임금이 아니라 의를 따르는 것"이라고 항변했다. 사헌부와 사간원의 상소도 빗발쳤다. 결국 성종은 두 손 들고 말았다. 유호인은 풀려났고, 윤필상은 물러났다.

성종 말년에 이르면 매사가 이런 식이었다. 사림파는 사사건 건 임금과 대신들을 물고 늘어졌다. 사소한 일도 트집을 잡아 벼랑 끝까지 몰고 갔다.

한번은 대비들이 모여 사는 창경궁에 물이 넘쳐 수로를 정비한 일이 있었다. 수로에 구리 수통을 깔았는데 대간들이 왕실에서 사치를 조장한다며 으르렁댔다. 어쩔 수 없이 구리 수통을 뜯어내고 돌을 깔았다. 그 바람에 궁궐 담장을 두 군데나 허물어야 했다. 배보다 배꼽이 커진 셈이다.

아버지 곁에서 국정을 익힌 연산군은 성종이 신하들에게 쩔쩔 매는 모습을 지켜보았다. 자기가 일군 성리학적 통치 체제에 자기가 치인 것이다. 저들은 단지 '절개 있는 선비'라는 명성을 얻기 위해 임금에게 큰소리치고 조정을 휘젓는 것이 아닐까.

연산군이 볼 때 조선 사대부의 언로는 무엄하고 방자했다. 임금을 업신여기는 성리학적 통치 체제가 기분 나빴다. 그래서 결심했다. 능상, 위를 능멸하는 정치를 내가 왕이 되면 반드시 혁파하리라.

뱃놀이는 바람에 멈추고

임숭재는 이런 연산군의 뜻을 가장 잘 이해하고 떠받든 신하였다. 성리학적 통치 체제는 성현의 말씀을 앞세워 권능을 누리려는 사대부들을 위한 것이다. 사림은 가식 떨면서 군자로 행세하는 위선자들의 소굴일 뿐이다. 이 나라 조선에 아무 도움도 안 되고 쓸모도 없는 것들이다.

연산군과 임숭재는 성리학적 통치 체제를 혁파하고 현세의 복락이 넘치는 태평성대를 이룩하고자 했다. 노래 부르고 춤추고 시 짓고 그림 그리는 아름다운 조선이다. 그 나라에는 고루한 선비들보다 미색과 재주로 여흥을 돋우는 기녀들이 필요하다. 운평 수천 명을 전국 방방곡곡 양성하고 흥청 수백 명을 도성에 뽑아 올린 이유다.

그러나 함께 새로운 세상을 열겠다던 지음은 이제 가고 없다. 작년에 채홍준사로 경상도에 다녀오더니 시름시름 앓다가 훌쩍 세상을 떠나버린 것이다. 정말로 인생은 풀잎에 맺힌 이슬과 같아 만나서 함께할 시간이 많지 않다.

창덕궁 후원에서 연회를 열고 보니 오늘따라 그리움이 더욱 짙게 피어올랐다. 연산군은 일어나 처용무를 추며 지음 임숭재를 기렸다. 양 볼을 타고 눈물이 흘러내린다. 왕의 여자 녹수가 심중을 헤아리고 흐느끼며 슬픔을 나눈다.

내일은 그의 1주기를 맞아 흥청을 거느리고 장단 석벽으로 나아갈 예정이었다. 임진강변을 따라 병풍처럼 두른 석벽은 천하 절경으로 지난날 임숭재가 극찬한 바 있다. 석벽 아래에서 뱃놀이를 즐기면 찬가가 절로 우러났다.

"물 가운데 석벽이 솟아오르고 공중에는 검은 절벽 펼쳐졌다. 물고기와 용들이 모퉁이로 돌아들고 초록은 백 리를 뒤덮었다. 달이 물에 잠기니 유리구슬의 빛이고 꽃이 떨어지니 수놓은 비단 더미라. 그림배에 술을 싣고 관현악을 재촉하여 하루에 천 바퀴를 돌아본다."(이제현, 《익재난고》〈송도팔경〉 중에서)

연산군은 보름 전에 성대한 뱃놀이를 준비하라고 하교했다. 그림배도 20척 이상 띄우도록 했다. 그림배는 그림을 그려 곱게 단청을 한 놀잇배다. 왕은 용과 봉황, 십장생으로 배를 꾸미게 했다. 개성부 유수 신수겸이 진두지휘하여 이미 모든 준비를 마쳤다. 신수겸은 좌의정 신수근의 동생이자 연산군의 처남이다.

연산군의 장단 석벽 거둥은 성사되지 않았다. 아침 일찍 영남과 호남에서 각각 급보를 갖고 전령이 들이닥친 것이다. 호남의 급보는 김준손, 이과, 유빈 등이 거병하기 위해 격서를 돌린다는 소식이었다. 임금에게 죄를 짓고 전라도로 유배 간 자들이 현지 수령들과 거사를 모의하고 있다는 것이다. 폭군을 몰아내고 진성대군을 추대한다는 것이다. 연산군은 겁 많은 아우를 생각하며 미소를 머금었다.

격서의 내용은 이랬다.

"폭군이 선왕의 법을 모두 혁파하고 포학하고 무도함이 날로 심했습니다. 부왕의 후궁들을 때려죽이고 옹주와 왕자들을 외진 곳에 유폐해 죽였으며, 이를 말리는 대간들도 유배 보내거나 주살했습니다. 대신들을 욕보이고 충신들을 해쳤으며 그 혈육을 연좌함이 진시황보다 심했습니다. 죄 없이 죽거나 귀양 간 자들이 얼마인지 모릅니다. 재앙이 무덤 속까지 미쳐 해골이 거리에 매달리고, 송장이 저자에 버려졌습니다. 이 무슨 형벌이란 말입니까?"

시퍼렇게 날 선 격서였으나 연산군은 가소롭다는 듯 웃었다.

"이자들은 입만 살아 있는 서생들이다. 샌님들이 어떻게 세상을 바꾼단 말인가? 그저 말뿐인 것을."

하지만 경상도에서 올라온 소식은 연산군을 긴장하게 만들었다. 거병 모의의 중심인물이 전 평안도 관찰사 조숙기였기 때문이다.

조숙기는 문무를 겸비한 능신(能臣)이었다. 문신이었지만 활쏘기와 말타기에 능했다. 1479년(성종 10) 건주여진 정벌전에

도원수 윤필상의 종사관으로 참전한 이래 오랜 세월 국방에 공헌했다. 함경도 병마절도사, 충청도 병마절도사, 경성 도호부사, 의주 목사 등을 지내며 비변책(변방 수비 방책)을 수립하고 군대를 주둔하여 요충지를 지켰다. 나이 일흔이 넘었지만 노회하여 더욱 두려운 상대였다.

연산군은 어쩔 수 없이 장단 석벽 거둥을 취소했다. 하루 당겨 창덕궁 후원에서 조촐하게 임숭재를 기리는 연회를 열고 나서 오후에 무예별감 가무치를 불렀다.

"네가 은밀히 할 일이 있다. 지금 즉시 경상도 창녕으로 달려가 조숙기의 동태를 파악하라. 그자가 요새 누구를 만나고 무엇을 하는지 알아보고 반역의 조짐이 있으면 네 손으로 숙기의 목을 베어라. 그리고……."

문득 뇌리를 스치는 일이 있었다. 얼마 전 흥청 능소화가 종묘에 제사 지낼 때 쓴 돼지머리를 보고 깔깔 웃었다. 돼지머리를 꼭 닮은 고향 사람의 얼굴이 생각났다는 것이다. 성주에 안치한 전 도승지 장순손이었다. 성주는 창녕과 지척이다. 가무치를 보내는 김에 추가로 그 일도 맡기기로 마음먹었다.

연산군은 의금부도사 이옥을 보내 장순손을 서울로 압송하게 했다. 흥청과 정을 통해 임금을 능멸했다는 죄목이다. 물론 그가 능소화의 정부(情夫)일 리는 없었다. 얼굴만 아는 고향 사람일 것이다. 그럼에도 죄를 물어야 했다. 흥청과 엮이면 어떻게 되는지 보여주어야 한다. 본보기로 삼으려고 한 것이다.

얼마 전에는 흥청 소진주가 한밤중에 담을 넘어 본래 서방 하옥정과 사사로이 정을 통하다가 발각되었다. 흥청과 운평은 현세의 복락이 넘치는 태평성대의 상징이다. 임금이 이룩하고자 하는 성리학적 통치 혁파의 한 축이다. 그러므로 나라에 속한 '공물'이다. 설령 지아비라 할지라도 사통은 있을 수 없다.

본보기로 삼기 위해 왕은 흥청 소진주와 그 지아비를 능지처사하고 머리와 사지를 전시하게 했다. 그 가족은 장 100대를 치고 변방과 섬에 나누어 유폐했다. 이웃 사람들까지 장 80대를 쳤다. 그들이 살던 고을도 혁파했다. 그것도 모자라 흥청 소진주와 이름이 같거나 이름 가운데 소(笑), 진(眞), 주(珠) 자가 들어 있는 사람은 이름을 고치도록 했다.(《연산군일기》 1506년 6월 15일)

장순손도 본보기의 운명을 피할 수 없다. 연산군은 가무치에게 가는 길에 압송 죄인의 목을 베라고 하교했다. 서울로 압송할 것 없으니 도중에 처리하라는 명이었다.

가무치는 1479년(성종 10) 건주여진을 정벌하고 인질로 데려온 여진인이다. 어린 나이에 조선에 와서 귀화했다. 성종은 가무치를 호위 겸 동무로 원자에게 붙여주었다. 그는 연산군과 함께 자라나 무예청의 수장이 되었다. 무예별감과 선전관들을 거느리고 왕을 지근거리에서 호위하며 특명을 수행하는 것이다.

연산군은 의심이 많은 군주였다. 항상 사람을 경계하고 누구든 의구심을 품었다. 그러나 가무치만은 깊이 신뢰하여 안심하고 시위를 맡겼다. 공개적으로 밝힐 수 없는 비밀 임무도 맡겼다. 왕명으로 손에 피를 묻히는 일이 많았다. 쉬쉬하지만 아는 사람은 안다. 어느새 '도살자'라는 별명까지 생겨났다.

연산군의 밀명을 받은 가무치는 정예 무사들과 함께 해거름에 도성을 떠났다. 이윽고 어둠이 내려앉자 훈련원에 반정의 불길이 타올랐다. 임금으로서 그동안 연산군이 쌓은 업보가 거센 역풍을 몰고 온 것이다.

어찌하여 제 어미를 죽였습니까

1494년 연산군 이융은 19살의 나이로 왕위에 올랐다. 첫걸음부터 순탄하지 않았다. 새 임금을 길들이겠다는 것인지 대간들이 목소리를 높였다.

선왕의 명복을 비는 수륙재를 올리려고 하자 불교식 제례는 안 된다며 극렬하게 반대했다. '성종(成宗)'이라는 묘호를 정하는 일도 순탄하지 않았다. 우여곡절 끝에 뜻을 관철하기는 했지만 연산군은 신권(臣權)이 왕권과 맞먹는 성리학적 통치의 매운 맛을 톡톡히 보았다.

그는 속내를 숨기고 본때를 보여줄 날을 별렀다. 사냥에 능한 매는 해를 등지고 사냥감의 눈을 멀게 한다. 힘을 아끼면서 습격할 때를 기다린다. 연산군은 사사건건 시비를 가리려는 문신들과 투닥거리기는 했지만 말년의 아버지처럼 과격한 간언을 참고 받아주었다.

머지않아 기회가 왔다. 무오년인 1498년, 유자광과 이극돈이 세조를 비방한 사초를 고변하자 연산군은 내심 쾌재를 불렀다.

유자광 등은 성종실록 편찬을 위해 김일손이 제출한 사초에 스승 김종직의 조의제문이 실린 것을 문제 삼았다. 조의제문은 세조가 단종을 폐하고 죽인 사건을 중국 초나라의 항우와 의제에 빗대 은유적으로 비판하는 내용이었다. 김종직은 고려 유신 정몽주와 길재의 절의파 학통을 계승한 성리학자다. 그는 성종 대의 사림을 대표하며 막후에서 영향력을 행사했다. 김종직은 과거 세조의 행위를 왕위 찬탈로 보고 비공식적인 자리에서 비판했다. 그 결정체가 조의제문이었다.

사림 일각에서 나돌던 조의제문이 사초에 오르는 순간 공론화를 피할 수 없었다. 김종직의 문인들이 간악한 파당을 이루어 선왕을 헐뜯었다는 공소가 즉각 제기되었다. 이는 사실로 드러났다.

유자광 등이 샅샅이 뒤진 사초에는 세조의 낯 뜨거운 비행들이 적나라하게 담겨 있었다. 아들 의경세자의 후궁들과 불륜이 있었음을 암시하는가 하면 단종 생모 현덕왕후의 무덤을 파내 유해를 바닷가에 버렸다는 설도 집어넣었다. 세간의 뜬소문을 근거도 없이 사초에 담은 것이다. 세조의 증손자인 연산군으로서는 임금을 능멸한 것이나 마찬가지였다.

젊은 왕은 회심의 미소를 지으며 몰래 갈아 온 칼을 뽑아 들었다. 세조에 대한 불경을 대역무도로 다스린 것이다. 1492년(성종 23)에 세상을 떠난 김종직은 부관참시되었고, 김일손, 권오복, 권경유, 이목, 허반 등이 사초 때문에 극형을 받았다. 훗날 문묘에 종사되는 김굉필과 정여창도 이때 유배를 떠났다.

이 무오사화를 빌미로 연산군은 본색을 드러냈다. 신하로서 임금을 거스르는 자들은 불경죄로 목을 베거나 사지를 찢었다. 왕은 피도 눈물도 없는 냉혈한이었다. 성종 때처럼 임금에게 시비를 걸다가는 뼈도 추리지 못했다. 조정과 궁궐에 공포의 그림자가 짙게 드리웠다. 사림의 언로는 얼어붙었고 훈구대신들도 눈치보기에 급급했다.

성리학적 통치는 왕권과 신권의 균형을 추구한다. 사실상 임금과 신하가 함께 다스리는 '군신공치(君臣共治)'다. 이를 현실 정치에 구현한 임금이 성종이었다. 연산군은 그런 아버지의 아성에 균열을 냈다. 그는 군신 간의 위계질서를 분명히 하고자 했다.

그러자 대왕대비 소혜왕후가 반발하고 나섰다. 그녀는 일찍이 남편인 의경세자를 잃고 청상과부가 되었지만 세조의 맏며느리로서 자신의 소임에 충실했다. 성종을 성리학자 임금으로 만들고 왕실 여성들의 기강을 잡았다. 삼종지도의 부덕(婦德)을 보급하기 위해 내훈을 저술하기도 했다. 성리학적 규범에 대한 굳건한 믿음이 엿보인다.

연산군이 성리학적 통치 질서에 정면으로 도전하자 할머니는 손자를 불러 여러 차례 타일렀다. 윤필상 등 성종의 치세를 떠받든 원로대신들에게도 간언을 요청했다. 왕실과 조정의 어른들이 '삐뚤어진' 임금을 바로잡는다는 명목으로 나선 것이다.

그들은 노련했다. 성리학을 들먹이며 뜬구름 잡는 훈계를 해서는 아무 효과도 없을 것이라고 보았다. 대신 연산군의 사생활을 지적하여 도덕적 우위를 확보하기로 했다. 후궁으로 들어온 장녹수는 요리하기에 좋은 재료였다. 왕이 천한 계집의 환심을 사느라 국고를 쏟아붓고 나랏일을 소홀히 한다며 선왕의 도를 따를 것을 촉구했다.

아무리 국왕이라도 어른들이 이렇게 나오면 멈칫하는 수밖에 없다. 연산군은 수긍하는 척하며 자세를 낮추었다. 그러나 속내는 싸늘했다. 감히 여색으로 임금의 얼굴에 먹칠하다니……. 젊은 왕은 뱀처럼 냉정하게 역습을 모색했다. 저들이 인륜으로 왕에게 흠집을 냈으니 나는 천륜으로 백배 천배 갚아주리라.

연산군은 드디어 폐비 윤씨라는 패를 꺼내 들었다.

'따지고 보면 저들은 내 어머니를 내치고 죽인 사람들이 아닌가. 할머니는 며느리에게 투기와 배덕의 올가미를 씌웠고, 대신이라는 자들은 국모의 폐출과 사사에 동조하지 않았는가.'

젊은 왕은 어머니의 이름으로 마지막 걸림돌들을 제거하기로 했다. 자식이 어머니의 한을 풀겠다는데 누가 가로막겠는가. 갑자년인 1504년 3월 20일, 사화의 불길이 거세게 타올랐다.

이 사화는 무오년인 1498년(연산군 4)의 것과 완전히 달랐다. 무오사화가 사림 일각에서 과격한 언행을 일삼다가 도끼로 자기 발등을 찍은 자충수라면, 갑자사화는 애초 임금이 주도면밀하게 계획하고 살기등등하게 밀어붙인 친위 정변이었다.

연산군은 먼저 조준방의 응군을 동원해 궁궐을 에워쌌다. 조준방은 궁궐 후원에서 국왕의 사냥에 쓰이는 매와 개를 조련하는 곳이다. 이곳에 소속되어 임금을 따르는 사냥부대를 응군이라고 불렀다.

왕은 무과에 급제했지만 관직을 받지 못한 한량들을 거두어 응군을 창설했다. 이후 운종가의 여리꾼, 뒷골목 불량배, 떠도는 개장수 등을 받아들이며 규모를 키워나갔다. 사냥은 곧 군사 훈련이었다. 짐승들을 몰기 위해 산악을 오르내리고 들판을 가로지르며 궁술과 기마술을 닦고 진법과 전술을 익혔다.

원래 조선의 정규군은 훈구대신들이 좌지우지했다. 중앙군인 오위의 장수와 군관들은 권세가에 줄을 대고 있었다. 내금위, 겸사복, 우림위 등 국왕을 호위하는 금군의 갑사들은 태반이 공신 집안의 자제이거나 서얼들이었다. 정규군을 관장하는 병조도 대신들의 입김이 셌다. 다시 말해 조선 정규군은 훈구파의 군대였다.

그런데 느닷없이 응군이 나타났다. 국왕의 사냥을 쫓아다니는 오합지졸인 줄 알았는데 어느새 정예병이 되었다. 숫자도 점점 늘어났다. 무엇보다 두려운 것은 응군이 오직 임금의 명을 따르는 국왕 직속 군단이라는 점이었다. 무오사화 이후 연산군이 신권을 억누를 수 있었던 데는 이런 무력의 뒷받침도 있었다.

갑자사화의 폭풍우가 몰아치던 그날 밤, 응군은 국왕이 일으킨 친위 정변을 떠받쳤다. 연산군은 먼저 훈구대신들과 결탁한 대왕대비 소혜왕후의 처소로 쳐들어갔다.

할머니는 어찌하여 제 어미를 죽였습니까?

— 《연산군일기》 1504년 3월 20일

한밤중에 친손자에게 봉변을 당한 할머니의 참담함은 말로 형용할 수 없는 것이리라. 그러나 연산군 입장에서는 언젠가 한 번은 하고 싶었던 질문이다. 백성이나 사대부가 그런 것처럼 군주에게도 어머니는 천륜이다. 누군가 그 천륜을 끊어 놓았다면 당사자에게 해명하는 것이 인간적인 도리다.

연산군은 즉위 초에 성종의 묘비문을 검토하다가 폐비 윤씨의 억울한 정상을 알게 되었다. 어머니가 쫓겨나 죽은 이유는 전부터 알고 있었지만 궁중 깊은 곳에 감춰진 비사는 잘 몰랐는데, 이때 자세한 내막을 접한 것으로 보인다. 그날 왕은 수라를 들지 않고 어머니의 죽음을 애도했다.(《연산군일기》 1495년 3월 16일)

소혜왕후는 폐비 윤씨를 쫓아내고 죽이는 일에 깊이 간여했다. 정승, 판서, 대간들에게 직접 글을 보내 중전을 힐난할 정도였으니 오죽했을까. 중전이 비상과 주술서를 상자에 숨겨 임금을 죽이려고 했다는 의혹부터 엄 숙의와 정 숙용이 중전을 해치려고 한다는 거짓 익명서를 권 숙의의 집에 던져 넣어 후궁들을 모함한 사건까지 구구절절하다. 성종이 죽고 어린 원자가 즉위하면 중전이 권력을 잡을 텐데 절대로 그런 일이 생겨서는 안 된다고도 했다.

그날 밤 연산군은 할머니에게 어머니의 일을 따져 묻고 이제 나랏일에서 손을 떼시라고 강권했다. (큰 충격을 받은 대왕대비는 한 달 후 창경궁 건춘전에서 세상을 떠났다.)

왕은 이어서 폐비 윤씨를 모함한 죄로 선왕의 후궁들을 끌어내어 죽였다. 참극은 순식간에 대신들에게로 번졌다. 윤필상, 성준, 한치형, 이극균, 이세좌 등이 처참한 최후를 맞았고 지난날 중전 폐출을 부추긴 한명회는 부관참시를 당했다.

연산군이 어머니의 원수를 갚으려고 그랬을까? 진정한 의도는 따로 있었다.

능상이 오늘날 풍속을 이루었으니 그 폐단을 고치지 않을 수가 없다. 이제 임금을 업신여기는 죄를 범하면 경중을 따지지 않고 엄한 법으로 다스려 인심이 바른 데로 돌아가도록 할 것이다.

－《연산군일기》 1504년 5월 7일

이 전교를 내리고 나서 연산군은 재상이든 대간이든 임금을 능멸하는 말을 한 자가 있으면 상고하여 아뢰라고 명했다. 과거의 기록을 샅샅이 뒤져 왕에게 쓴소리한 대신과 바른말을 한 언관들을 모조리 잡아들였다.

갑자사화로 훈구파와 사림파를 막론하고 239명 이상이 화를 입었는데, 절반 넘게 목숨을 잃었다. 손바닥 뚫기, 인두로 지지기, 가슴 빠개기, 뼈 바르기, 마디마디 자르기, 배 가르기, 뼈를 갈아 바람에 날리기 등 온갖 악형이 동원되었다.

연산군은 사람들의 입을 틀어막고 침묵을 강요하는 무시무시한 공포정치를 펼쳤다. 관원과 내관들은 신언패(愼言牌)를 차고 다녔다. 패에는 이런 글귀가 새겨져 있었다.

입은 화를 부르는 문이요, 혀는 자신을 베는 칼이다.
－《연려실기술》〈연산조 고사본말〉

연산군은 아버지 성종이 이룩한 성리학적 통치 체제를 쫓겨나 죽은 어머니 폐비 윤씨의 이름으로 혁파하고, 조선시대에 유일무이한 전제군주가 되었다.

왜 여태 참고 사는가

9월 초이틀 아침, 33번의 파루 종소리와 함께 도성 문이 열리고 승지 윤장, 이우, 조계형이 서둘러 입궁했다. 창덕궁은 텅텅 비어 있었다. 간밤에 반정군이 돈화문 앞에 진을 치고 백성들이 구름처럼 몰려들자 궁인들이 모두 내뺄 것이다.

내금위, 겸사복, 우림위의 갑사들은 수챗구멍으로 빠져나가거나 줄을 매달려 성벽을 넘어갔다. 그들은 모두 반정군의 진영에 합류했다. 내관과 궁녀, 일꾼들도 요령껏 궁궐에서 탈출했다. 황급히 도망가다가 뒷간에 빠져 낭패를 보기도 했다.

왕은 인정전 옥좌에 홀로 앉아 있었다. 오위도총관 민효증과 병조참지 유경의 모습은 보이지 않았다. 형세가 가망이 없으니 몸을 피했을 것이다. 승지들은 박원종, 성희안, 유순정 등이 변란을 일으켰다고 임금에게 아뢰었다.

"이렇게 태평한 때에 어찌 변고가 있단 말인가?"

연산군은 믿을 수 없다는 듯이 혼잣말을 했다. 망연히 허공을 쳐다보는데 넋이 나간 것 같았다. 왕은 박원종이 반정을 주도했다는 말에 충격받았다. 조준방 응군의 절반이 그의 지휘를 받고 있었다. 신윤무, 박영문, 홍경주 등도 용구를 지키는 응군의 장수들이었다. 몇 달 전 광교산에서 사냥을 겸해 군사 훈련을 할 때도 괜찮았다. 그런데 이게 어찌 된 일일까? 그들은 왜 변심했을까?

박원종은 연산군이 맏형처럼 따랐다. 그는 백모 승평부대부인의 남동생으로 선왕 때 무과에 급제하고 조정에 출사했다. 연산군은 백모의 소개로 박원종을 만났는데, 호탕하고 기개가 넘쳐무척 마음에 들었다. 궁에서 상대하는 음흉한 내관이나 가식적인 문신들과는 달랐다. 진정한 대장부를 만난 듯해 첫 만남부터흡족했다.

1492년 성종도 그를 아껴 동부승지로 임명해 곁에 두려고 했다. 그러나 사헌부에서 어린 무관을 문관의 정삼품 자리에 앉힐 수 없다며 서명을 보류하는 바람에 하는 수 없이 병조참지로 삼았다. 성리학적 통치 체제에서 문관의 자리는 무관이 넘볼 수 없었다. 문신을 우대하는 조정의 풍토에 박원종은 쓸쓸함을 곱씹어야 했다.

연산군은 즉위하자마자 보란 듯이 그를 승정원으로 불러들였다. 동부승지(공방), 우부승지(형방), 우승지(예방), 좌승지(호방)를 차례로 제수해 육조의 나랏일을 익힐 기회를 주었다. 조정에서 크게 쓰려고 한 것이다. 승평부대부인에 대한 각별한 신임도 영향을 끼쳤다. 세자를 반듯하게 키워주는 백모의 동생이라 더 배려했다.

궁중 연회에도 자주 불렀다. 연회가 끝나면 따로 술자리를 가졌다. 현안에 대해 허심탄회하게 의견을 나누었다. 왕은 성리학적 통치에 대한 반감을 종종 드러냈다. 박원종은 고개를 끄덕끄덕할 뿐 동조하지는 않았다. 기질상 아부하거나 굽실거리는 것은 잘하지 못했다.

연산군은 그것이 더 마음에 들었다. 겉과 속이 다르지 않으니 믿을 수 있는 사람 같았다. 1502년 왕은 박원종을 평성군에 봉하고 동지중추부사에 임명했다. 무관 출신이지만 장차 큰일을 맡기려고 했다. 문신들이 반발해도 밀어붙일 생각이었다.

박원종이 '삐딱선'을 탄 것은 갑자사화 이후의 일이었다. 악형으로 비참하게 죽는 사람이 무더기로 생기면서 임금에 대한 괴상망측한 풍문도 우후죽순 나타났다. 사화로 악에 받친 자들이 왕을 음해하기 위해 지어낸 유언비어였다.

특히 색탐에 관한 소문이 많았다. 임금이 궁중 연회에 양반가의 처첩들을 부른 다음 마음에 드는 여인이 있으면 집에 돌려보내지 않고 음욕을 채운다는 것이다. 최측근 임숭재의 부인이자 이복누이인 휘숙옹주까지 범했다는 것이다. 이런 추잡한 낭설은 빠르게 번지기도 하거니와 연산군의 권위를 깎아내리는 데 요긴했다.

그 가운데 왕이 승평부대부인 박씨와 간통했다는 소문은 압권이었다. 박씨는 연산군의 큰아버지인 월산대군 이정의 처다. 국왕의 백모이고 나이도 20살 이상 많다. 연산군은 원자 이황을 백모 박씨의 집에 맡겨 보육하도록 했고, 황이 세자가 되고 나서는 박씨로 하여금 궁에 드나들며 보필하게 했다. 왕한테 반감을 품은 호사가들에게는 좋은 먹잇감이었다.

연산군이 백모와 정을 통한다는 풍문이 나돌았다. 왕이 부인의 집을 방문한 일(《연산군일기》 1504년 12월 9일)도 새삼스레 재조명되었다. 이듬해 수리도감에 일러 부인의 집이 금표 안에 들어가지 않도록 해주자(《연산군일기》 1505년 11월 19일) 음란한 소문이 더욱 기승을 부렸다. 연산군이 주기적으로 곡식을 하사하는 것도 아울러 회자되었다.

누이에 관한 더러운 소문이 세간의 관심을 뜨겁게 달구자 박원종은 분통이 터졌다. 소문이 사실이든 아니든 정절을 잃은 것이라고 여겼다. 이는 왕가뿐 아니라 친정집에도 망신스러운 일이었다. 어려서부터 스승처럼 믿고 따랐던 큰누이가 집안의 수치가 될 줄이야.

성리학적 통치 체제에서 여성의 으뜸 가치는 정절이었다. 정(貞)은 육체와 정신의 순결을 뜻한다. 몸은 물론 마음까지 떳떳해야 한다. 절(節)은 남편과 가문에 신의를 지키는 것이다. 그것은 여성의 성(性)을 넘어 일생을 통제한다. 어려서는 아버지를 따르고, 결혼해서는 남편을 받들며, 늙어서는 아들에게 의지하는 삼종지도(三從之道)의 삶이다.

연산군의 아버지 성종은 정절을 법제화하여 성리학적 규범이 집약된 경국대전에 넣었다. 정절을 일깨우기 위해 왕이 문제 삼은 풍속은 재가였다. 충신은 두 임금을 섬기지 않고, 열녀는 남편을 바꾸지 않는 법이라고 했다. 성종은 한 번 혼인한 여성이 다른 남자와 재혼하면 정절을 잃는 것이라고 보았다. 1485년(성종 16) 경국대전의 완성과 함께 재가녀 자손 금고법이 공표되었다. 재가하여 정절을 잃은 여자의 자손은 관직에 등용하지 못하게 한 것이다.

성리학적 규범이 자리를 잡으면서 풍속의 변화가 나타났다. 남편이 죽으면 부녀자의 수절이 관심사가 되었다. 남편을 따라 자결하는 절부(節婦)들도 나왔다. 호랑이는 죽어 가죽을 남겼고, 절부는 죽어 열녀문을 남겼다.

승평부대부인 박씨도 월산대군이 세상을 떠난 후 십수 년간 홀로 살았다. 박씨는 대군의 묘 옆에 흥복사를 세우고 죽은 남편의 명복을 빌었다. 그 절에 자주 가는 바람에 입방아에 오르기도 했다. 성리학적 규범에 따라 정절을 의심하는 시선이 따라붙은 것이다.

임금과 백모가 정을 통한다는 소문은 과부의 정절을 따져 묻는 시대 정서와 맞물려 폭발적인 관심을 끌었다. 뜬소문도 한 번 들으면 "설마" 하고 믿지 않지만, 두 번 들으면 "정말?" 하며 곱씹고, 세 번 들으면 "어떻게 그럴 수가!" 하고 곧이듣는 것이 세상인심이다. 박원종도 처음에는 극구 부인했지만 눈덩이처럼 불어나는 소문에 결국 휩쓸리고 말았다.

그는 직설적인 무인이었다. 노회한 정치인이라면 웃음 속에 칼을 감추었을 테지만 그러지 못했다. 연산군에 대한 언짢은 감정은 말과 표정에 다 드러났다. 이 때문에 임금과 소원해지더니 외직을 맡아 평안도 병마절도사와 강원도 관찰사로 나갔다.

그럼에도 할 말은 했다. 경기도 관찰사로서 수운(水運)의 거점인 김포, 통진을 금표에서 빼달라고 간언했으며, 명나라 사신이 입국하는 때 사냥한다고 돌려 비판하기도 했다. 다른 신하 같으면 위를 능멸한다고 경을 칠 일이었다. 임금을 업신여기면 죽음만이 있을 뿐인데 그는 빠져나갔다.

연산군은 노하여 그의 벼슬을 떼기는 했지만 벌하지는 않았다. 오히려 박원종에게 어서를 보내 타위대장을 맡기고(《연산군일기》 1506년 4월 8일) 광교산 사냥에 불러 응군을 이끌도록 했다. 타위는 국왕이 직접 나가는 사냥이다. 응군이 몰이를 한 짐승을 임금이 쏘아서 잡았다. 타위대장은 2인으로 응군 만 명을 절반씩 나누어 맡았다. 왕은 여전히 박원종을 신임하고 있었던 것이다.

반면 박원종은 이를 갈았다. 6월에 왕이 승평부대부인에게 은도장을 만들어 주자 난리가 났다. 이 은도장은 부인이 시어머니 소혜왕후가 편찮을 때 잘 봉양했고 세자도 자기 자식처럼 사랑으로 돌보았다며 연산군이 포상한 것이다. 하지만 세간에는 간

통하고 나서 정표로 준 것이라는 풍문이 나돌았다. 온갖 억측과 상상이 뒤섞이며 이야기가 잔뜩 부풀려졌다.

어느 날 밤 임금이 백모 박씨와 함께 자다가 꿈에 월산대군 이 정을 보았다. 왕은 죽은 큰아버지를 밉게 여겨 내관으로 하여 금 한 길이 넘는 쇠막대기를 만들게 했다. 그것을 이정의 무덤 한가운데 꽂자 갑자기 우레와 같은 소리가 들렸다.

− 《연산군일기》 1506년 6월 9일

세상천지에 다시없을 패륜이다. 풍문은 더는 풍문이 아니었 다. 남녀노소 신분 고하를 막론하고 입에 올리며 탄식하고 분개 했다. 하지만 연산군은 까맣게 모르고 있었다. 왕에게 세상인심 을 전해줄 사람이 한 명도 없었기 때문이다.

박씨 부인에게 은도장을 만들어 준 연산군은 나흘 뒤에 박원 종의 품계를 정승 반열로 올려주었다.(《연산군일기》 1506년 6 월 13일) 원종에게는 크나큰 치욕이었다. 졸지에 누이의 정절을 희생하여 정승 지위를 탐내는 소인배가 되고 만 것이다. 박원종 은 한달음에 큰누이에게 달려가 세상에 떠도는 추잡한 소문을 전하고 다그쳤다.

왜 참고 사는가? 약을 마시고 죽으라.

− 《중종실록》 1510년 4월 17일 〈박원종의 졸기〉

한 달 뒤 월산대군 이정의 처, 승평부대부인 박씨가 세상을 떠났다. 사람들은 왕에게 총애를 받아 잉태하자 약을 먹고 죽었다고 말했다.(《연산군일기》 1506년 7월 20일)

이처럼 무거운 국새

9월 초이틀 오후, 연산군은 옥좌에 앉아 박원종이 병란을 일으킨 까닭을 자신에게 묻고 또 물었다. 그는 미치광이처럼 굴었지만 알고 보면 총명한 군주였다. 아버지가 만든 성리학적 규범이, 정절의 법제화가 박씨 부인을 죽음으로 몰아넣고 박원종을 반역자로 만들었음을 깨달았다. 어머니가 소망한 대로 성종의 족적을 지우고자 했지만 결국 아버지가 놓은 덫에 걸려 파멸한 것이다.

이제 임금의 곁에는 아무도 없었다. 승지 이우는 대궐 문을 점검하겠다며 열쇠를 가지고 나갔는데 여태 감감무소식이다. 달아난 것이 틀림없다. 승지 윤장과 조계형도 슬금슬금 꽁무니를 뺐다. 왕이 소매를 붙잡았지만 공손한 표정으로 뿌리치고 그 길로 줄행랑을 쳤다. 창덕궁은 적막했다. 담장 너머로 후궁과 흥청, 운평이 슬피 우는 소리가 들려왔다. 왕은 가슴이 아파 견딜 수 없었다.

　연산군은 국새를 들고 옥좌에서 내려와 휘청휘청 인정전을 나섰다. 너른 마당에는 낙엽이 쓸쓸히 뒹굴고 무거운 침묵이 깔려 있었다. 한 걸음씩 옮길 때마다 땅이 꺼질 것만 같다. 아래를 내려다보니 피범벅인 손들이 아우성치고 있다. 폭군은 머리를 숙이고 눈물을 떨구었다. 모두 자초한 일이다. 수많은 사람을 함부로 죽이고 잔혹하게 훼손했다. 인제 와서 뉘우친들 무엇 하리. 업보를 치를 시간이다.

　이때 인정문이 열리고 승지 한순과 내관 서경생이 들어섰다. 한순이 왕을 폐하고 연산군으로 삼는다는 대비의 전교를 전하고 폐주를 창경궁 춘방으로 옮기도록 했다. 연산군은 서경생에게 국새를 넘기고 내금위 갑사들에게 둘러싸여 세자의 공부방으로 비틀비틀 걸어갔다. 세자 시절 공부에 힘쓰지 않는다고 성종에게 질책 받던 방이다. 부지런히 법도를 배우고 익히라던 부왕의 말이 사무쳤다.

교동으로 떠나는 배

　9월 초사흘 아침, 폐주는 선인문(창경궁의 협문)을 지나 궁궐에서 터벅터벅 걸어 나왔다. 붉은 옷에 갓을 쓰고 띠는 두르지 않았다. 문밖에는 나인 4명, 내시 2명이 대기하고 있었다. 음식물과 물품의 진상을 맡아보는 반감도 탐탁지 않은 얼굴로 서 있었다. 유배지에서 함께 생활할 사람들이다.

　폐주를 처형하지 않는다는 관례에 따라 연산군은 목숨을 거두지 않고 유배를 가게 되었다. 유배지는 강화도 교동으로 정해졌다. 호송하는 군사들 뒤에서 우의정 박원종이 모습을 드러냈다. 하룻밤 사이에 그는 정승이 되었다.

　"전하께서는 인심을 너무 잃었으니 어쩌겠습니까? 잘 보중하소서."

　짧은 송별 인사를 마치자 박원종은 차갑게 폐주를 외면했다. 반정 주역의 한 사람인 심순경이 군사들에게 출발 신호를 했다.

연산군은 평교자를 타고 돈의문(한양도성의 서문)을 지나 성 밖으로 나갔다. 가는 길마다 노인과 아이들이 몰려나와 손가락질했다. 교자를 따라오며 속된 노래를 지어 부르는 이도 있었다.

　　충성이란 사모요

　　거동은 교동일세

　　일만 홍청 어디 두고

　　석양 하늘에 뉘를 좇아가는고

　　두어라 예 또한 가시의 집이니

　　날 새우기엔 무방하고 또 조용하지요

　　　　　　　　　　　　－《연산군일기》 1506년 9월 2일

이 노래에서 사모는 두 가지 의미를 갖는다. 먼저 사모(紗帽), 관리의 모자다. 이는 연산군이 백관의 사모 앞뒤에 '충(忠)'과 '성(誠)' 자를 붙이도록 한 것을 빗대었다. 사모(詐謀)는 또한 남을 속여 넘기는 꾀이기도 하다. 다시 말해 관리들의 충성을 독려하기 위해 모자 앞뒤에 글자까지 써 붙였지만 신하들은 충성하는 척하며 꾀를 써서 속였다는 것이다.

거동도 재미있다. 연산군은 나랏일뿐 아니라 사냥하고 유흥하러 궁을 나가는 것도 모두 거동(擧動)이라 부르게 했다. 그랬던 임금의 거동이 교동이 되었다는 것이다. 가시의 집은 위리안치하여 가시울타리를 친 유배 처소다. 사내가 살던 각시(아내)의 집이 가시의 집으로 바뀌었다는 말이다.

호사가들은 비꼬는 노래를 부르며 쫓겨난 임금을 조롱했다. 연산군은 입이 열 개라도 할 말이 없었다. 일행은 통진에 이르러 교동으로 가는 배에 올랐다. 바다를 건너는데 갑자기 풍랑이 일어 배가 크게 일렁거렸다. 폐주는 차라리 뒤집히기를 바랐다. 바람의 노래가 뺨을 치고는 허공으로 날아올랐다.

"북풍은 세차게 휘몰아치고 눈비는 펄펄 흩날리네(北風其喈 雨雪其霏). 사랑하며 나를 좋아하는 이와 손 붙잡고 함께 돌아가리(惠而好我 携手同歸). 어찌 우물쭈물 주저하는가, 이미 급박해졌거늘(其虛其邪 旣亟只且)."(《시경》〈북풍〉 2절)

배는 천신만고 끝에 교동 포구에 닻을 내렸다. 유배 처소는 생각했던 것보다 훨씬 더 열악했다. 가시울타리가 좁고 높아 해를 볼 수 없었다. 작은 문으로 음식을 넣어 주는 것 외에는 모든 접촉이 차단되었다. 폐쇄된 동굴 같았다.

드디어 세상과 작별할 시간이다. 연산군은 함께 온 사람들에게 일일이 감사 인사를 했다. 그러고는 먼 바다를 바라보며 혼잣말처럼 중얼거렸다.

"살아생전에 중전을 볼 수 있겠는가?"

그는 돌아서서 작은 문 안으로 들어갔다. 폐주의 뒷모습이 어두운 동굴 속으로 빨려 들어가자 이를 지녀보는 시녀들이 모두 목 놓아 울었다.

※ 강화도 교동으로 유배 간 연산군은 2달 뒤인 1506년 11월 6일 역병에 걸려 세상을 떠났다. 죽기 전에 그는 중전이 보고 싶다는 말을 남겼다고 한다. 이 소망은 폭군의 아내였으나 덕망이 높았던 폐비 신씨에 의해 이루어졌다. 이융의 시신은 교동에서 양주(서울 도봉구 방학동)로 옮겨졌고 1537년 신씨가 곁에 묻혔다. 폭군은 수많은 여인을 거쳐 아내의 품으로 돌아갔다.

의적과 선비

광대패 두령

한 무리의 광대패가 9월의 들길을 걷고 있었다. 가을걷이를 마친 들판에는 신명이 넘쳐흐른다. 조선 땅 곳곳에서 난장이 벌어진다. 백성들은 수확의 기쁨을 누리며 떠들썩한 놀이판을 열어 농투성이 고단한 삶을 달랬다.

함경도에서 농사를 짓는 것은 몹시 힘든 일이었다. 씨 뿌리고 모내기하고 거름 주고 김매고, 온 가족이 달라붙어 뼈 빠지게 일해도 된서리 한 번 맞으면 한 해 농사가 도로아미타불 되기 일쑤다. 형편이 이러니 보릿고개가 태산보다 높았다.

함흥 일대에는 근래 경기도에서 이주한 사람이 많았다. 임금이 놀러 다니기 편하게 경기도 여기저기에 금표를 세우고 주민들을 강제로 이곳에 보낸 것이다. 척박한 기후와 토양에 적응하지 못하고 유리걸식하는 자들이 속출했다.

고단한 백성들에게는 가을걷이 뒤에 찾아오는 광대패가 낙이었다. 광대들은 이 마을 저 마을 옮겨 다니며 연희마당을 펼친다. 우두머리 꼭두쇠를 중심으로 일사불란하게 움직인다. 줄타기, 대접돌리기, 땅재주 등 광대놀음마다 뜬쇠들이 신묘한 기예를 연출하며 심장 쫄깃한 전율을 선사했다.

9월 초하루 반룡산 아래에 자리한 새말에는 충청도에서 온 광대패가 신명나는 난장을 쳤다. 이 패거리의 주특기는 환술이었다. 이럴 수가! 입으로 칼을 삼키고, 입으로 불을 뿜는다. 공중제비를 돌자 남자가 여자로 바뀐다. 말의 항문으로 들어가 입으로 나온다. 빈 통에서 원숭이와 고양이가 튀어나온다. 불 위를 마음대로 걷고, 작두 위에서 맨발로 춤춘다. 사람을 상자에 넣고 칼침을 놓았는데 멀쩡히 살아 있다. 씨앗을 심자마자 자라서 꽃을 피우고 열매를 맺는다.

광대패가 마을에서 난장을 치는 동안 곰뱅이는 부적을 받으러 반룡산 양천사로 찾아갔다. 곰뱅이는 수입을 관리하는 자로 절의 부적을 받아와 마을에다 팔았다. 부적 수입 중 일부는 절에 바치고 나머지는 광대패가 취한다. 수입도 올리고 불사도 돕는 사업이다. 마을에도 좋은 일이라 광대패가 놀이판을 섭외하는데 썩 도움이 된다.

이윽고 해가 저물면 천막을 치고 횃불을 비추며 그림자극을 공연했다. 사람들은 흔들리는 그림자 속으로 빨려 들어가 권선징악 이야기에 푹 빠진다. 권선징악! 선을 권장하고 악을 징벌하는, 현실과 동떨어진 세계를 꿈꾼다. 광대놀음이나마 고단한 일상을 잊고 상처받은 마음을 달랜다.

이윽고 모든 순서가 끝나면 광대들은 놀이판을 정리하고 막사에 들어가 술판을 벌였다. 잠시 후 곰뱅이가 막사에서 나와 어둠을 응시했다. 푸드득. 날갯짓 소리와 함께 전서구 한 마리가 그의 어깨에 내려앉았다. 곰뱅이는 비둘기의 머리를 쓰다듬어 주고 다리에 묶여 있던 서신을 펼쳐 보았다.

"도성에서 박원종 거병. 훈련원으로 응군 집결."

곰뱅이는 서신을 읽자마자 소매에서 호각을 꺼내 길게 불었다. 밤의 장막을 찢는 호각 소리에 막사 안에서 술잔을 기울이던 광대들이 횃불을 들고 연희마당으로 뛰쳐나왔다. 광대패가 질서정연하게 대오를 짓자 낮에 공중제비를 돌던 청년이 앞으로 걸어 나왔다.

청년은 청색 도포를 입고 검은 띠를 맸으며 목화솜이 달린 패랭이 모자를 썼다. 귀공자풍의 하얀 얼굴에 눈은 샛별처럼 빛나고 걸음걸이가 날렵했다. 청년이 앞에 서자 곰뱅이가 읍을 하고 서신을 내밀었다.

"두령! 마의 양돌석이 보낸 서신입니다. 예상대로 박원종이 움직였습니다."

청년의 입가에 미소가 번졌다.

"우리 활빈당도 움직인다. 덕원(원산)에 대기 중인 당원들에게 전서구를 띄워 오늘 밤 자시까지 함경감영에 집결하라고 전하라. 광대패는 지금부터 채비를 갖춰 반룡산 양천사로 간다."

광대들이 횃불을 치켜들며 소리쳤다.

"활빈당 나가신다! 홍길동 장군을 따르라!"

홍길동은 막사로 돌아가 패랭이 모자와 청색 도포를 벗고 재상가 자제의 복장으로 갈아입었다. 곰뱅이가 전서구를 날리고 와서 다음 명을 기다렸다.

"어르신, 이장곤의 거처는 틀림없이 확보했겠지요?"

"양수척 고리장의 집에 이미 수하들을 배치했습니다."

홍길동의 미간에 서기가 피어올랐다. 정월에 발분하여 대계를 세우고 여기까지 왔다. 이제 한바탕 어우러져 오방난장(五方亂場)을 칠 일만 남았다.

임금이 임금의 도를 잃으면

　6년 전, 충청 지역에 도적 괴수 홍길동이 나타났다. 홍길동은 옥정자(옥으로 만든 갓 장식)에 붉은 띠를 두르고 다니며 스스로 첨지(중추원의 정삼품 무관 벼슬)라고 일컬었다.(《연산군일기》1500년 12월 29일)

　홍길동 무리는 무기를 지닌 채 대낮에 떼를 지어 관아에 드나들면서 거침없이 행동했다. 하지만 홍길동이 당상관(정삼품 상계 이상의 품계를 가진 관리)의 의장을 했기 때문에 고을 수령과 아전, 토호들이 붙잡기는커녕 떠받들기에 바빴다. 그의 세력은 나날이 번성하여 한양 조정까지 마수를 뻗쳤다. 국가 중대사를 의결하는 진짜 당상관이 와주(窩主)가 되어 뒤를 봐줄 정도였다.

　충청도가 사실상 홍길동 세력의 손아귀에 들어가자 조정에서는 대대적인 토벌전을 벌였다. 도적과 협력자를 색출하는 일로 고을마다 실랑이가 벌어졌다. 결국 홍길동과 수하들이 붙잡혀 도성으로 압송되었다. 영의정 한치형, 좌의정 성준, 우의정 이극균이 안도하며 왕에게 고했다. (이들 삼정승은 선왕 때 폐비 윤씨 사사를 부추긴 죄로 1504년에 처참한 죽음을 맞이했다.)

> 강도 홍길동을 잡았다 하니 기쁨을 견딜 수 없습니다. 백성의 해독을 제거하는 데 이보다 큰일이 없습니다. 이참에 그 도적 무리를 모두 잡아들이도록 하소서.
>
> — 《연산군일기》 1500년 10월 22일

홍길동은 의금부에서 국문을 받고 뒤를 봐준 와주로 절충장군 엄귀손을 지목했다. 그 말에 조정에 한바탕 난리가 났다. 엄귀손은 가난한 무사 출신이었지만 탐욕스럽게 재산을 모아 서울과 지방에 집을 사두고 곡식 수천 석을 쌓아 놓았다.(《연산군일기》 1500년 11월 6일) 벼락부자가 된 정상이 나오자 그는 더욱 의심을 사게 되어 극심한 심문을 받고 옥중에서 사망했다.

조정에서는 홍길동과 수하들을 극형에 처하고 화근을 뿌리뽑기 위해 도적에게 협력한 충청도 토호들도 강제로 변방으로 이주시켰다.(《연산군일기》 1500년 12월 29일)

그렇게 적도를 처치하고 한숨을 돌리려고 하는데 황당한 일이 일어났다. 조선 팔도에 홍길동이 우후죽순 나타나 도적질을 하기 시작한 것이다. 전국 방방곡곡에서 홍길동이 출현했다며 장계가 올라오니 대신들도 어찌할 바를 몰라 갈팡질팡했다.

　가장 위협적인 홍길동 패는 경기도 광주를 근거지로 왕성하게 활동했다. 도성의 턱밑에 자리 잡고 서울로 들어오는 재물과 곡식을 노리니 여간 골치 아픈 일이 아니었다. 이 패거리의 두령 홍길동은 푸른색 도포에 검은 띠를 두르고 패랭이 모자를 쓴 소년이었다. 생김새는 곱상한데 꾀가 많아 속임수를 잘 썼다. 일설에는 비바람을 부리고 축지법과 분신술을 구사하는 등 도술에도 능한 것으로 알려졌다.

　홍길동을 따르는 무리는 나날이 늘어났다. 그들은 스스로 '활빈당'이라고 일컬었다. 탐관오리와 부정축재자의 재물을 빼앗아 가난한 사람들을 도와준다는 것이다. 활빈당은 지방관들이 도성으로 보내는 뇌물을 중도에 가로챘다. 백성의 고혈을 쥐어짜는 아전과 토호들을 혼내주었다. 비리가 판치는 조창(조세로 거둔 곡식을 보관하는 창고)을 털어 굶주린 사람들을 구제했다. 백성들은 활빈당을 '의적'이라 칭송했다.

　반대로 조정에서는 그들을 '국적(國賊)'으로 규정하고 포도대장 이협을 보내 소탕하도록 했다. 그러나 이협은 변장을 하고 직접 활빈당의 동향을 캐다가 붙잡혀 곤욕을 치렀다. 홍길동은 포도대장을 늘씬하게 두들겨 팬 다음 두모포 모래사장에 목만 내놓고 파묻었다. 죽이지는 않았지만 조정을 웃음거리로 만든 것이다.

　왕은 능상지풍(凌上之風)이라 하여 크게 노했다. 임금을 업신여기는 도적이라는 말이다. 이번에는 의금부와 경기감영이 합동작전을 벌였다. 하지만 홍길동과 활빈당은 동에 번쩍 서에 번쩍 신출귀몰하게 움직였다. 관군은 늘 닭 쫓던 개 지붕 쳐다보는 꼴이었다.

금표가 소탕 작전의 걸림돌이 되었다. 왕은 마음 놓고 사냥과 유흥을 즐기기 위해 도성 근방 100리 이내에 금표를 잔뜩 세웠다. 금표 안에 살던 백성들을 쫓아내고 민간인의 출입을 금했다. 이에 따라 양주, 고양, 파주, 양천 등의 고을을 혁파했는데, 광주 또한 동헌 문을 닫아야 했다. 활빈당을 일상적으로 감시하고 추적할 수 있는 관아가 금표에 밀려 사라진 것이다.

활빈당도 금표를 효과적으로 이용했다. 금표 안의 마을과 집은 비어 있어 도적들이 은신처로 삼기에 좋았다. 또 왕실 재산을 관리하는 내수사 노비들이 금표 안에서 기름진 논밭을 경작하고 귀한 약재 등을 채집하고 있기에 궁중 진상품을 빼앗는 호사도 누렸다. 금표 안은 어느새 임금의 놀이터이자 활빈당의 소굴이 되어버렸다.

홍길동은 여러 해에 걸쳐 의적으로 활약하면서 백성의 고통을 적나라하게 직시하고 체감했다. 도성 주민들도 '나랏님'의 가혹한 침탈로 인해 신음하고 있었다. 왕은 사직동에서 흥인문(동대문)까지 인가를 모두 철거했다. 궁궐을 엿볼까 봐 백성이 살지 못하도록 한 것이다. 뿐만 아니라 장정을 닥치는 대로 징발하여 인왕산에서 낙산까지 돌성을 높직이 쌓게 했다. 역도들이 궁궐을 습격할까 봐 커다란 장벽을 만든 것이다. 주민들은 졸지에 집과 생업을 잃고 살길을 찾아 헤매야 했다.

창경궁 후원에는 높이가 100척(30미터)이 넘는 누대를 쌓고 이름을 서총대라 했다. 누대 위에 천여 명을 앉힐 수 있을 정도로 규모가 엄청났다. 서총대 아래에는 못을 파고 정자를 지었다. 또 창덕궁 후원에서 경복궁 경회루까지 임시 건물 3천여 간을 이어서 짓게 했다. 마포 망원정도 대대적인 확장 공사에 들어갔다.

왕은 수리도감과 축성도감에 감독관 200여 명을 배치하여 백성을 마구 징발하고 가혹하게 부렸다. 부역은 과중하고 양식은 부족하니 죽어가는 사람들이 속출했다. 숭례문(남대문)과 노량진 사이에 시체가 산더미처럼 쌓였다.

임금 때문에 백성이 모두 죽게 생겼다. 홍길동은 누군가 이 광란의 폭주를 멈춰야 한다고 생각했다. 조선은 유자의 나라다. 선비님들이 해결해주면 좋겠는데 가망이 없어 보였다. 조정 대신들은 국왕이 무슨 일을 하든 맞장구치기 바빴다. 성균관 유생들은 연(임금이 거둥할 때 타는 가마)을 메고 다니며 왕에게 잘 보이려고 애썼다.

홍길동은 가난한 선비의 서출이었다. 어미가 기생이라 아버지를 아버지라 부르지 못하는 천한 신분이 되었다. 서얼금고법에 따라 문과 과거는 보지 못한다. 글공부해도 소용이 없으니 산에 들어가 신선술을 닦다가 활빈당 도적들을 만난 것이다. 그러나 선비의 아들로서 이 나라가 성현의 가르침으로 잘 다스려지기를 바라는 마음도 있었다.

백성이 편안하려면 덕 있는 임금이 어질고 의롭게 다스려야 한다. 지금의 국왕은 백성을 고통 속으로 몰아넣고 있다. 폭정을 멈추려면 누군가 바른말을 해야 하는데 유자들은 꿀 먹은 벙어리가 되었다. 왕은 경연을 폐지하고, 사간원과 홍문관을 혁파했으며, 사헌부의 관원도 줄이고, 상소와 상언도 금지했다. 그렇다면 도적이라도 나서야 한다.

> 임금을 시해하는 도가 전(傳)에도 있으니 가엾은 사람들아 나의 의병을 따르라.
>
> — 《연산군일기》 1506년 1월 28일

지난 정월에 홍길동은 종루 기둥에 익명의 벽서를 붙였다. 무려 임금을 시해하는 도를 논했다. 과격하지만 민심을 흔들 필요가 있었다. 익명서는 도성을 강타했다. 백성들은 놀라워했고, 사대부들은 충격을 받았다.

귀띔을 받은 왕은 노발대발했다.

"이것은 성균관 유생들의 짓일 가능성이 크다. 철저히 색출하여 아뢰게 하라. 최근에 집을 뜯긴 사람들도 원망을 품고 있을 것이다. 그중에 수상한 자를 찾아 아뢰도록 하라. 여럿이 모여 놀거나 이야기하는 자들도 모두 체포하게 하라."

사실 왕은 두려웠다. 임금을 시해하겠다니 상상조차 하지 못한 말이다. 그동안 능상지풍을 혁파하여 신하들을 제압하고 마음껏 권력을 휘둘렀다. 백성들은 유례없는 태평성대를 맞아 현세의 복락을 누리고 있다. 그런데도 국왕 시해 운운하는 익명서가 도성 한복판에 떡하니 붙었다. 납득이 가지 않는 일이다. 무엇이 잘못되었을까?

왕은 일단 금란인(禁亂人)을 투입하여 동네와 마을을 감시했다. 금란인은 불온한 자들을 가려내고 제거하여 변란을 미연에 막는 국왕의 하수인이다. 왕은 창포계라는 비밀결사를 만들어 금란인으로 써먹었다. 계원들은 창포검이라는 예리한 지팡이 칼을 쓰며 은밀히 체탐(정보 수집)과 암살 임무를 수행했다.

왕이 특히 의심한 것은 갑자사화로 죽은 자들의 친인척이었다. 의금부와 한성부에 명하여 사화에 연좌되지 않았던 혈족과 처족을 모조리 잡아들였다. 익명서에 대해 실정을 밝히라며 죽을 때까지 고문했다. 각도 관찰사에게 전교를 내려 유배를 보낸 피붙이들도 죽음의 고문을 시행하게 했다. 무고한 자라 할지라도 개의치 않았다.

간신의 무리를 뿌리뽑아야 하므로 옥과 돌이 함께 타도록 하겠다. 날마다 고문하여 멸종되도록 하라.

－《연산군일기》 1506년 7월 9일

임금이 극악하게 나오자 민심도 악에 받쳤다. 그간 눈치를 보며 관망하던 사대부들의 공론이 끓어올랐다. 변란이 일어날 것이라는 풍문이 경향 각지에 파다했다. 뜬소문은 사람들의 입에 오르내리며 구체적인 형상을 갖추기 시작했다.

거사를 이끌 인물로 이장곤의 이름이 거명되었다. 장곤은 33세의 젊은 문신으로 어려서부터 활쏘기에 능하여 유장(儒將)이라는 명성을 얻었다. 갑자사화 때 그는 (임금의 미움을 사 화를 입은) 이극균의 천거를 받았다 하여 모진 고문을 받고 거제도로 유배를 갔다. 폭정이 극심해지자 세상 사람들은 유장 이장곤을 떠올리고 기대를 걸었다.

체탐 보고를 받은 왕은 즉시 근리사(유배 죄인을 검찰하는 관리)를 보내 이장곤을 서울로 압송하도록 했다. 그러나 근리사가 남해에 당도했을 때 장곤은 이미 모습을 감춘 뒤였다. 유배 죄인이 도망갔다는 것을 알게 된 폭군은 이장곤의 부모 형제를 잡아들이는 한편 무예에 능한 의금부 관원들로 하여금 종적을 쫓도록 했다.

왕은 별도로 창포계 계주 최치수에게 밀명을 내렸다. 금란인들을 풀어 이장곤을 추살하고 머리를 가져오라는 지령이었다.

최치수는 왕년에 개장수로 팔도를 떠돌던 자인데, 조준방의 사냥개를 돌보다가 폭군의 총애를 입었다. 왕은 그를 사통팔달의 교통 요지인 유곡역 찰방으로 보내 정보를 수집하고 밀명을 수행하게 했다. 최치수는 용인(用人)과 지리(地理)에 능숙한 데다 충성심이 깊어 믿을 만했다. 폭군은 최치수가 '성은이 망극하도록' 어제시(御製詩)까지 한 수 지어 주었다.

화란(禍亂)을 미리 헤아려 딴 놈에게 붙고(先度終難掩附攀)
흉하게도 임시변통으로 깊은 산에 숨었구나(兇思姑息隱幽山)
어버이 임금 버리고 어디서 용신(容身)할꼬(離親棄主容何地)
고금에 이보다 더 완악함이 없도다(今古難逾此惡頑)
　　　　　　　　　 -《연산군일기》 1506년 8월 18일

길이 끝나는 곳에서 길은

　유배지에서 달아나 숨어 있던 이장곤을 가장 먼저 찾아낸 것은 활빈당이었다.

　그는 함경도의 양수척 무리에 숨어들었다. 양수척은 버들고리를 만들어 팔거나 사냥, 도축, 기예로 생계를 잇는 유랑민이다. 여진, 거란 등 북방 민족의 후예로 알려져 있으며 정처 없이 떠돌아다니기에 호적도 부역도 주어지지 않았다. 다시 말해 장곤과 같은 도망자가 정체를 숨기고 임시로 머물기에 가장 좋은 조건을 갖고 있었다.

　홍길동이 이장곤을 찾아 나선 것은 그가 민심을 등에 업고 폭정을 끝장낼 수 있는 인물이라고 보았기 때문이다. 정월에 활빈당이 종루에 붙인 국왕 시해 익명서는 나라 사람들에게 대담한 상상을 불어넣었다. 임금은 광기에 휩싸였고 사람들은 의거를 꿈꾸었다. 그리고 새로운 세상을 여는 대업의 간판으로 민심은 이장곤을 낙점했다.

단지 국왕을 시해하는 일이라면 그가 없더라도 불가능하지는 않다. 홍길동과 활빈당 또한 암살을 시도해보았다.

5월에 홍길동은 국왕의 돌출적인 동선을 알아냈다. 용구 마의 양돌석의 제보에 따르면 그 무렵 임금은 새벽에 말을 타고 도성 서쪽 들판을 치달리곤 했다. 금표 안의 호젓한 길을 바람처럼 달리며 속도를 즐긴 것이다. 대개 측근 2, 3명이 따라붙지만 어떤 날은 혼자 말 달리기도 했다.

이것이 사실이라면 절호의 기회가 아닐 수 없었다. 왕은 도성 사방 100리 이내에 금표를 세우고 허락 없이 안에 들어오는 자는 교지를 범한 죄로 참했다. 그러나 활빈당은 금표를 넘나들며 도적질을 해왔기에 안에 잠입하는 것은 식은 죽 먹기였다.

문제는 응군이었다. 5천 군사가 사냥할 때마다 따라다녔다. 홍청을 거느리고 두모포, 제천정, 저자도, 장단 석벽 등지로 거둥할 때도 시위하는 군사가 적지 않았다. 홍길동이 제아무리 대범하다 해도 왕의 군대에 맞서 싸우는 것은 미친 짓이다.

소수의 측근만 따라붙는 새벽 말달리기라면 폭군을 처단할 수 있을 것 같았다. 홍길동은 활빈당 삼걸로 꼽히는 곰뱅이, 귀바우, 무쇠를 데리고 금표 안으로 잠입했다. 양천과 김포 사이의 들길에서 왕이 지나가기를 기다렸다.

희뿌연 여명이 밤의 장막을 걷어낼 무렵 힘찬 말발굽 소리가 다가왔다. 귀바우가 땅에 귀를 바싹 대고 소리를 들어보더니 두 사람이라고 알려주었다. 홍길동과 수하들은 노변 풀숲 속에 몸을 숨기고 제각기 무기를 움켜쥐었다.

곧이어 동쪽 고갯마루를 넘어 두 사람이 말과 혼연일체가 되어 달려오는 모습이 보였다. 앞사람은 금실로 수놓은 도포를 바람에 휘날리고 있었으며, 뒷사람은 검은색 철릭을 입고 주립을 쓴 융복 차림이었다.

"앞에 있는 자가 왕입니다!"

곰뱅이가 표적을 가리키며 말했다. 홍길동은 왕이 가까이 오길 기다려 각궁에 길쭉한 대우전을 매기고 활시위를 귀 뒤편까지 당겼다. 하나, 둘, 셋에 쏜다. 하나, 둘······.

이때 부스럭거리며 맞은편 풀숲이 움직였다. 기척을 느꼈는지 왕이 말을 세우고 의심스러운 눈초리로 그쪽을 살폈다. 뒤에서 달려온 자가 안장에 꽂아둔 편곤을 뽑아 들고 임금을 보호했다. 쇠도리깨에 징이 박힌 편곤을 보니 무예청을 이끄는 일당백의 호위무사 가무치가 틀림없다.

'낭패로구나.'

홍길동은 철퇴를 들고 달려나가려는 무쇠를 제지했다. 왕과 가무치는 어느새 말을 돌려 고개 쪽으로 달리기 시작했다. 두 사람의 모습이 사라지자 길동은 맞은편 풀숲으로 건너가 수상한 움직임의 실체를 확인했다. 황새 한 마리가 먹이를 쪼아 먹고 있었다. 아직 때가 아닌 건가? 홍길동은 씩 웃고는 삼걸을 데리고 철수했다.

그날 왕도 내관과 갑사들을 보내 풀숲을 수색했다고 한다. 황새는 여전히 거기서 얼쩡대고 있었다. 보고를 받은 임금은 황새를 자객으로 오인한 것이 부끄럽고 또 화가 났다. 곧 분노에 찬 전교가 내려졌다.

모든 도에서 황새를 잡아 올려 씨를 말리도록 하라.
－《연산군일기》 1506년 5월 23일

마의 양돌석에게서 이 소식을 전해 들은 활빈당 도적들은 배꼽을 잡았다. 황새 덕분에 목숨을 구한 줄도 모르고 오히려 화풀이하려는 왕이 가소로웠다.

홍길동은 마음을 고쳐먹었다. 임금을 제거하는 것이 능사는 아니라는 생각이 들었다. 폭정을 끝장내는 것은 새로운 세상을 여는 출발점이 되어야 의미가 있다. 길이 끝나는 곳에서 길은 다시 시작되어야 한다. 그러려면 민심을 등에 업고 새 희망을 줄 수 있는 인물을 내세워야 한다.

박원종, 성희안, 유순정이 은밀히 반정을 도모하고 있다는 것을 알게 되면서 길동의 뜻은 더욱 명확해졌다. 저들이 하려는 반정은 '본디의 바른 상태로 돌아가는 것'을 말한다. 하지만 예전으로 돌아가는 것이 과연 고통 속에서 신음하는 백성에게 희망이 되겠는가? 게다가 그네들은 폭군에게 충성하던 자들이 아닌가.

반정은 '뒤집어엎어 바꾸는 것'이라고 홍길동은 생각했다. 폭정을 끝장내고 새로운 세상을 여는 대업이다. 그 일을 해낼 인물로 민심은 이장곤을 지목했다. 홍길동과 활빈당이 광대패로 위장하고 함경도를 찾은 이유다.

이장곤을 만나기에 앞서 홍길동은 난장을 크게 치기로 했다. 반룡산 양천사와 함경감영을 터는 일이었다. 박원종 등이 도성에서 거병했다면 곧 국왕이 바뀔 것이다. 새 임금 명의로 파발이 당도하면 이쪽에서 거사를 일으킬 명분이 약해진다. 그전에 깃발을 올리고 세를 과시해야 대업의 첫걸음을 힘차게 내디딜 수 있다.

실속도 노렸다. 양천사에는 창고마다 쌀이 넘치게 쌓여 있다. 낮에 곰뱅이가 부적을 얻으러 가서 본 바로는 어림잡아 천여 석은 될 것이라고 한다. 큰일을 하려면 군량미 확보가 먼저다. 또 함경감영은 북방의 보루답게 무기가 가득할 것이다. 무력이 받쳐주지 않으면 대업은 빛 좋은 개살구일 뿐이다.

재상가 자제의 복장을 한 홍길동이 사나흘 묵고 갈 거라며 양천사에 들어서자 중들이 홀라당 넘어갔다. 조각달 모양 상투에 호박 동곳을 '대(大)' 자로 꽂고, 곱게 뜬 평양 망건과 거북 등딱지 대모 관자를 착용했다. 삶지 않은 명주실로 짠 홍색 도포에는 궁궐 상의원의 솜씨가 담겼다. 차림새가 맵시도 있거니와 명품 일색이었다. 게다가 옷걸이까지 귀공자 그 자체이니 믿음이 절로 갔다.

하인으로 변장한 광대패는 시주라며 쌀과 비단을 실어 날랐다. 중들은 한밤중의 횡재에 정신을 차리지 못했다. 홍길동은 며칠 잘 부탁드린다며 떡과 수정과를 돌렸다. 일각이 지나자 중들이 픽픽 쓰러졌다. 길동이 쓴 마비산에 정신을 잃은 것이다. 멀쩡한 중들은 손발을 묶고 재갈을 물려 꼼짝 못 하게 했다. 창고를 연 활빈당은 수레에 쌀가마니를 산더미처럼 싣고 유유히 절에서 빠져나갔다.

그들이 함경감영에 당도한 것은 축시(오전 1~3시)로 접어들 무렵이었다. 덕원에서 온 당원들이 감영 건너편 숲속에 숨어 있다가 모습을 드러냈다. 모두 100여 명이었다. 홍길동은 곰뱅이에게 20명을 나누어주고 인근에 있는 정릉으로 보냈다. 조선 태조의 아버지인 환조 이자춘의 능이었다. 임무는 정릉에 불을 지르는 것이었다. 다만 봉분과 재실과 석물에는 불이 붙지 않도록 했다.

환조의 능에 불길이 치솟자 감영의 관리, 아전, 군사, 하인들이 혼비백산하여 뛰쳐나왔다. 물과 흙을 나르고 갈퀴로 쓸어내며 불을 끄기 위해 애썼다. 왕릉에 화재가 났으니 야단법석일 수밖에 없었다. 그 사이에 활빈당은 군기고에 들어가 각궁, 편전, 환도, 삼지창, 찰갑(비늘갑옷)을 골고루 훔쳐 나왔다. 옆 창고에서 왕이 유흥을 위해 토지 3결당 1필씩 부과했다는 면포도 잔뜩 챙겼다.

도적질한 쌀과 무기, 면포는 덕원으로 운송하게 하고 홍길동

은 곰뱅이, 귀바우, 무쇠와 함께 양수척 고리장의 집으로 향했
다. 이장곤이 은신하고 있는 곳이었다. 9월 초이틀 아침이 밝아
오고 있었다.

새 아침을 여는 닭 울음소리와 함께 이장곤은 버들가지로 만든 고리짝을 지게에 지고 집을 나섰다. 키가 훤칠하고 어깨가 떡 벌어진 사내다. 탄탄한 근육질 몸매가 강인한 인상을 풍긴다. 겉모습만 보면 선비라기보다 나무꾼 같다.

"쉬엄쉬엄 다녀오셔요."

싸리문 밖으로 자그마한 여인이 따라 나오며 배웅했다. 이장곤은 뒤돌아서 싱긋 웃어 보이고는 이내 걸음을 재촉했다.

그가 남해를 떠나 함흥에 당도한 것은 달포 전의 일이었다. 폭군의 명을 받고 근리사가 압송하러 온다는 사실을 현령이 귀띔해준 덕분에 몸을 피할 수 있었다. 자신도 모르게 변란의 괴수가 되었다는 것을 그때 처음 알았다.

도망자 신세이지만 딱히 두렵거나 불안하지는 않았다. 유배가 유랑으로 바뀌었을 뿐이다. 유랑은 마음먹기에 따라 유람이 될 수도 있다. 꿈길을 거닐 듯 금강산을 둘러보고 조선 창업의 발원지인 함흥 땅을 찾았다.

양수척 여인은 도중에 목이 말라 우물가에 갔다가 우연히 만났다. 물 좀 마시자고 하니 바가지에 버들잎을 띄워 주었다. 생판 모르는 길손이지만 냉수를 급히 마시다가 혹시 탈이 날까 봐 마음을 써준 것이다. 바가지를 돌려주며 처녀의 얼굴을 보았다. 피부가 가무잡잡하고 눈빛에 푸른 기운이 돌았다. 어딘가 이국적이다. 어느 댁 딸이냐고 물으니 냇가 건너 고리장이의 여식이라고 했다. 알고 보니 고리버들을 엮어 생계를 이어가는 양수척이었다.

이때 기발한 생각이 이장곤의 뇌리를 스쳤다. 양수척은 본디 호적도 없고 부역에서도 제외된다. 조선에 살고 있지만 백성은 아니기 때문이다. 따지고 보면 도망자 신세도 다를 바 없다. 이들 무리에 섞인다면 당분간 몸을 숨길 수 있으리라.

이장곤은 처녀를 앞세워 고리장이의 집으로 갔다. 양수척은 마을에 거주할 수 없는 관계로 냇가 건너에 몇 집이 모여 살았다. 고리장이를 만나자 그는 다짜고짜 사위로 삼아 달라고 청했다. 처녀도 아버지도 깜짝 놀랐다.

장곤은 얼굴이 청수하고 눈빛이 깨끗해 상대방에게 기품 있는 인상을 주었다. 척 봐도 귀한 사람임을 알 수 있었다. 그런데도 양수척 고리장이의 사위가 되겠다니, 그들이 보기에는 믿기지 않는 일이었다. 부녀가 아니 될 말이라고 손사래를 쳤지만 이장곤은 포기하지 않고 끈질기게 청했다. 고리장이는 결국 두 손들고 말았다. 무슨 사정인지는 모르겠지만 마침 일손도 부족하고 하니 사위로 거둬도 좋을 것 같았다.

이장곤은 고리짝 만드는 기술을 재빨리 습득하고 아침저녁으로 부지런히 버들상자를 만들었다. 솜씨가 좋아 일감이 밀려들었다. 고리장이의 입이 함지박만하게 벌어졌다. 우물가 처녀는 장곤의 아내가 되었다. 아리따운 용모는 아니지만 이장곤은 바가지에 버들잎 띄우는 그 고운 마음을 어여삐 여겼다.

9월 초이틀 아침에 고리장이 사위가 향한 곳은 장터였다. 오늘은 흥남포구에 장이 서는 날이었다. 이장곤은 그곳 송방에 고리짝을 납품할 생각이었다. 개성상인은 값을 후하게 쳐준다. 흥정만 잘하면 쌀 두 말은 너끈히 받을 수 있으리라. 장곤은 왠지 신바람이 났다. 발걸음이 날아갈 듯 가볍다.

흥남장은 성천강과 함흥만 사이에 있어 각지의 토산이 모여든다. 한산 세모시, 안동 세마포, 안성 유기, 나주 소반, 강화 화문석 같은 팔도 명물을 구경할 수 있다. 먹거리도 풍성하다. 금강산 산채, 함경도 명태, 영광 굴비, 광양 김, 풍기 곶감 등 군침도는 별미가 가득하다. 귀한 약재인 강계 산삼과 개성 인삼도 손에 넣을 수 있다.

이장곤은 장시의 떠들썩한 분위기가 좋았다. 한쪽에서는 열올리며 흥정에 여념이 없고, 다른 쪽에서는 흥겨운 놀이판이 벌어진다. 유랑 광대들은 줄타기와 솟대타기, 땅재주와 씨름으로 구경꾼들의 환호를 자아냈다. 익살맞은 사설과 노래에 어깨춤이 절로 난다. 난장이 들일과 부역에 지친 백성의 고단한 일상을 흥과 신명으로 달랬다.

사람 사는 세상이다. 이런 게 사람 사는 세상이라고 장곤은 생각했다. 글공부를 하고 나랏일을 볼 때는 만나지 못한 세상이다. 땀 흘려 일하고 물산을 나누고 한바탕 즐기는 그 어우러짐이 삶의 낙이다. 살아내는 힘의 원천이다. 지옥도를 펼쳐 놓고 태평성대를 노래하는 임금에게 이런 모습을 보여주고 싶다. 진짜 사람 사는 세상 말이다.

이장곤은 다시금 떠오르는 폭군의 기억을 떨치려는 듯 고개를 흔들었다. 어느새 해가 중천이다. 이러고 있을 때가 아니다. 지게에 지고 온 산더미 같은 고리짝을 납품해야 한다. 장곤은 장터거리 끝에 자리한 개성상인의 가게, 송방으로 걸음을 옮겼다.

송방의 아홉 칸 초옥에는 장사치들이 북적거렸다. 먼길을 온 듯한 등짐장수가 포목과 그릇을 부려놓고 평상마루에서 쉬고 있다. 그 옆에는 봇짐장수가 약재를 꺼내 살펴보고 있다. 산간 벽지에 바늘과 빗을 내다팔고 당귀, 복령, 작약을 받아온 것이다. 수달 가죽을 둘러메고 온 여진인은 차인과 실랑이를 벌이고 있다. 값이 만족스럽지 않은 모양이다.

고리장이 사위는 마당에 지게를 내려놓고 행수 맹봉삼을 찾았다. 봉삼은 보름 전에 처음으로 고리짝을 납품하러 왔을 때 만난 개성상인이다.

개성상인 중에는 고려 유신의 후예도 적지 않았다. 고려가 멸망한 후 많은 사대부가 조선에 출사하지 않고 산속에 들어가 절의를 지켰다. 그래도 먹고살 길은 있어야 한다. 개성 시전 상인과 손잡고 장사에 나서는 사대부들이 나타났다. 그들은 장사에 머리를 쓰고 발품을 팔았다. 생산지와 집산지를 찾아 상품을 확보하고, 흉년으로 각지에 생겨난 장시를 연결했다. 송방은 어느덧 전국 조직을 갖추게 되었다.

맹봉삼의 선조도 충절의 지킨 두문동 72현의 한 사람이었다. 하지만 그는 절의보다 이재(理財)에 관심이 많았다. 제주에서 나는 말총을 운송 경유지인 해남과 강진에서 매점해 재물을 모았다. 말총은 갓의 주재료이기에 한양 시전에서 부르는 대로 값을 쳐주었다. 봉삼은 그리하여 함흥 일대의 물산을 오로지하는 송방 대행수가 되었다.

보름 전에 이장곤이 고리장이 사위가 되어 흥남장 송방에 찾아왔을 때 맹봉삼은 두 눈을 의심했다. 송방은 전국적인 상인 조직인 동시에 조선 최고의 정보통이었다. 폭군이 눈에 불을 켜고 찾는 자가 천한 양수척의 모습으로 나타난 것이다. 맹봉삼은 믿기지 않아 송방 총부에서 돌린 정밀한 용모파기를 꺼내 확인했다. 틀림없이 고리장이 사위가 유장 이장곤이었다.

민심이 크게 요동치고 변란의 조짐이 무르익는 때였다. 맹봉삼이 볼 때 장곤은 귀한 상품이었다. 봉삼은 일부러 고리장이 사위에게 다가가 솜씨를 칭찬하고 안면을 텄다. 그리고 휘하의 등짐장수들을 풀어 이장곤의 일거수일투족을 감시했다.

그러는 사이에 전라도에서 이과, 유빈, 김준손이 거병하겠다며 격문을 돌렸다. 간밤에 반룡산 양천사와 함경감영이 털린 사건도 심상치 않다. 봉삼은 상품값이 천정부지로 치솟고 있음을 직감했다. 민심을 업고 있는 이장곤이다. 앞으로 거사의 성패를 좌우하는 변수가 될 것이다. 이제 그 속내를 살펴보고 누구에게 팔지 정해야 한다.

9월 초이틀 이장곤이 송방에 나타나 행수를 찾자 맹봉삼은 그를 근처 요릿집으로 데리고 갔다. 주안상을 사이에 두고 봉삼이 입을 열었다.

"당신이 누군지 알고 있습니다. 이 교리이시지요?"

장곤은 행수를 물끄러미 쳐다보고는 진중하게 말했다.

"알고 계셨구려. 내가 이장곤이오. 나를 고변하시겠소?"

봉삼은 너털웃음을 터뜨렸다.

"그럴 리가요. 일개 장사치일 뿐이지만 소생도 폭정에 진절머리가 난 사람입니다. 송방은 오히려 이 교리를 돕고 싶습니다."

"그게 무슨 뜻이오?"

"전라도에서 곧 의거가 일어날 모양입니다. 전 부제학 이과와 유빈, 김일손의 형 전 승지 김준손이 수령들과 손잡고 거병하겠다며 격문을 돌렸습니다. 폭군을 몰아내고 진성대군을 추대할 것이라고 합니다."

맹봉삼은 이장곤에게 필사한 격문을 건네주었다. 장곤이 읽고 나서 물었다.

"행수가 내게 원하는 것은 무엇이오? 기탄없이 말해보시오."

"그럼 단도직입적으로 말씀 올리겠습니다. 송방이 알아본 바로는 전라도의 의거는 실행하기 어려울 것입니다. 병력도 모자라고 서울과 거리가 멀어 도성을 뚫기가 힘듭니다."

"그럼 폭군을 몰아내지 못한다는 말이오?"

장곤이 미간을 찌푸리고 행수를 바라보았다.

맹봉삼은 빙긋 웃고는 고개를 저었다.

"도성 안에서 움직이면 가능합니다. 지금 명망 높은 대신과 장수들이 폭군에게 등을 돌리고 있습니다. 민심을 얻은 이 교리께서 도성에 들어가 얼굴을 보여주신다면 모두 들고일어날 것입니다."

"하지만 내가 어떻게……."

이장곤은 난감한 표정을 지었다.

"교리께서 수락만 해주신다면 나머지는 송방에서 전부 준비하겠습니다. 교리를 중심으로 거병하여 폭군을 몰아내고 진성대군을 추대할 것입니다."

맹봉삼은 굳세게 말했다. 침착하면서도 자신감이 넘쳤다. 계산은 이미 끝났다. 송방이 밀어주면 틀림없이 성사될 일이었다. 이장곤은 잠시 뜸을 들이고 말했다.

"내게 하루만 말미를 주시오. 마음을 정해서 내일 답하리다."

나라가 나라답지 못하면

집에 돌아가는 길은 아득하기만 했다. 고리장이 사위는 터벅 터벅 걷다가 한숨을 쉬었다. 유배지에서 도망칠 때는 별로 심란 하지 않았다. 유람 다니다가 깊은 산속에 들어가서 도학에 잠길 수 있다면 다행이라고 여겼다. 도중에 잡혀 죽어도 상관없었다.

지금은 오히려 막막하다. 산더미 같은 고리짝을 부려놓고, 대 신 태산 같은 우환을 짊어진 꼴이다. 거사가 두렵지는 않다. 종 묘사직을 지키고 만백성을 구하는 길이라면 얼마든지 목숨을 걸 수 있다. 송방이 밀어준다면 이루지 못할 것도 없다. 그런데 왜 이렇게 찜찜할까?

생각에 잠겨 마을 어귀를 지나는데, 아름드리 팽나무 밑에 사 람들이 모여 섰다. 다가가서 보니 탈을 쓴 광대들이 춤을 추며 난장을 치고 있었다. 산대놀이다.

춤사위는 구성지고 익살 넘쳤다. 염불장단의 거드름춤, 타령

장단의 깨끼춤, 굿거리장단의 허튼춤에 놀이마당은 웃음바다가
되었다. 먹중, 취발이, 말뚝이, 샌님이 한바탕 어우러져 타락한
중, 술꾼의 난봉, 교태 부리는 첩, 양반의 위선을 조롱했다.

이장곤이 놀음판을 망연히 바라보고 있는데 갑자기 말뚝이 탈
을 쓴 광대가 바짝 다가와서 사설을 늘어놓았다.

"임금이 임금답지 못하고 신하가 신하답지 못하면, 어찌해야
하겠습니까?"

고리장이 사위가 어어, 하며 뒷걸음질치자 이번에는 광대와
구경꾼들이 다가와 빙 둘러섰다. 말뚝이가 탈을 벗고 장곤의 앞
에 우뚝 선다.

"임금이 임금답지 못하고 신하가 신하답지 못하면, 어찌해야
하겠습니까?"

미장부가 푸른색 도포를 휘날리며 재차 묻는다. 쏘아보는 눈
빛이 예사롭지 않았다.

"그대는 누구인가? 어찌 내게 묻는가?"

"소생은 광주 사람 홍길동이라고 합니다. 임금답지 못한 임금
이 그쪽을 두려워한다니 묻는 말입니다. 폭군을 어찌하면 좋겠
습니까?"

홍길동! 그 도적놈이 아닌가. 이제는 도적까지 나를 찾아오는
구나. 이장곤은 뜬마음을 가라앉히고 차분히 길동의 얼굴을 뜯
어보았다. 이자는 풍운아다. 일신을 녹림에 숨기고 하늘, 땅, 사
람을 통찰하다가 시대의 변고에 올라타서 자기 소원을 실현하

는 자다. 장곤은 도적과 좀더 이야기 나누고 싶어졌다.

"하늘이 임금을 세운 것은 백성을 기르기 위함이다. 백성을 고통과 죽음의 수렁에 빠뜨리고 저 혼자 끝없는 욕심을 채우라고 천명을 내린 것은 아니다. 폭군이 변고를 맞는다면 그것은 순리이며 반역이라 할 수 없다."

홍길동의 안색에 화평한 기운이 돌았다. 장곤에게서 희망을 읽은 것이다.

"만약 폭군을 몰아낸다면 그다음에는 어찌해야 합니까? 다시 예전으로 돌아가면 됩니까? 옛 성현의 말씀대로 다스리면 됩니까?"

"자네 생각을 말해보게. 폭군을 끌어내리고 나서 무엇을 하면 좋겠나?"

이장곤은 진심으로 궁금했다. 길동의 얼굴을 빤히 쳐다보며 답하기를 기다렸다.

"임금답지 않은 임금을 쫓아내도 신하가 신하답지 않으면 백성은 고통과 죽음의 수렁에서 빠져나올 수 없습니다. 신하도 바뀌야지요. 세상을 바뀌야지요. 이전과 다른 세상을 만들어야 합니다."

홍길동이 열변을 토했다.

장곤도 마음이 달아올랐다.

"세상을 바꾸기란 지난한 일일세. 폭군을 쫓아냈다고 한꺼번에 바뀌지는 않아. 고려가 망하고 조선이 되었다고 해서 세상이 크게 달라졌는가? 유자들이 노력하지 않았던 건 아닐세. 선왕이 이룩하신 성리학적 통치도 그렇고……. 눈에 띄게 달라지는 건 없어도 지난하게 자기 자신을 갈고닦고 세상을 다스려 나아간다네."

길동은 냉소했다.

"당신은 착각하고 있군요. 고려가 멸망하고 조선으로 이어진 게 세상을 살기 좋게 바꾸는 지난한 과정입니까? 살기가 나빠진 것은 아닙니까?"

고려 때는 백성에게 세금을 부과하는 것이 한정되어 있었고, 산림과 하천에서 나오는 이익도 백성과 함께 나누어 가졌습니다. 상업은 자유롭게 통용되었고, 공인(工人)에게도 혜택이 돌아갔습니다. 또 수입을 헤아려 지출하도록 해 나라에 여분을 저축해둔 것이 있었습니다. 그래서 갑자기 전쟁이나 상사(喪事)가 생겨도 부과하는 세금이 증가하지 않았습니다.

지금은 어떻습니까? 백성이 내는 세금이 5푼이라면 조정과 왕실로 들어오는 것은 겨우 1푼이고, 나머지는 사사로운 자들의 농간으로 어지럽게 흩어져버립니다. 또 고을에는 남은 저축이 없어 일이 생길 때마다 1년에 여러 번 부과하는데, 수령들은 이를 빙자하여 극한까지 마구 거둬들입니다. 그런 까닭으로 백성의 시름과 원망은 고려 말엽보다 훨씬 심합니다.

— 허균, 《성소부부고》 〈호민론〉

이장곤은 길동의 말을 묵묵히 곱씹어보았다. 세금과 재정은 실상에 부합하는지 따져봐야겠지만 상공업은 수긍이 갔다. 상업이 자유롭게 통용되고 공인에게 혜택이 돌아간다면 백성들의 삶이 더 풍요로워지지 않을까?

"조선이 농업에만 치중하고 상공업을 지나치게 제한하는 것은 사실일세. 나 또한 장시의 활력을 피부로 느끼면서 생각이 달라졌다네. 농업과 상공업의 균형이 필요해. 다른 것들도 치우치지 않도록 해야겠지. 문과 무, 사대부와 백성, 임금과 신하가 균형을 이룬다면 나라가 안정되고 백성이 편안하지 않겠는가?"

홍길동도 고개를 주억거리며 호응했다. 조선 백성의 시름과 원망을 풀어주려면 유자가 잘못을 반성하고 고치는 데 인색하지 않아야 한다. 장곤은 합당한 자질을 갖고 있다. 이제 긴급한 소식을 전할 차례다.

"좀 전에 도성에서 소식이 들어왔습니다. 간밤에 박원종 등이 반정을 일으켜 폭군을 사로잡았다고 합니다. 대비께서 진성대군을 보위에 앉히고 왕은 폐하여 연산군으로 삼는다는 교지도 내리셨고요."

이장곤은 듣고도 실감이 나지 않았다. 반정이라······. 본디의 바른 상태로 돌아가겠다는 뜻이다. 성종대왕께서 이룩한 정치와 법도를 복원하겠다는 것이다. 무엇보다 폭군이 쫓겨났다. 그럼 나는 쫓기지 않는다. 더는 도망자가 아니다.

"저들은 그쪽을 찾을 겁니다. 얼마 전 폭군에게 충성 맹세를 한 대신들이 이번 반정에 많이 참여했습니다. 그래서 먼저 군사를 일으킨 겁니다. 다른 이들이 의거에 성공하면 폭정의 공범으로 몰려 처벌받을 가능성이 크니까요. 불씨는 아직 남아 있습니다. 바로 당신입니다. 이장곤에게 기대를 건 민심을 두려워하지 않겠습니까?"

일리가 있는 말이다. 장곤의 운명을 둘러싸고 자욱한 안개가 끼었다. 더는 도망자가 아니라고 좋아할 수도 없다. 이 운명의 안개가 걷히면 눈앞에 참수도가 번뜩일지도 모른다. 잠시 침묵이 흐르고 홍길동이 심중의 제안을 꺼냈다.

"임금답지 않은 임금이 쫓겨났으니 이제 신하답지 않은 신하들에게 응분의 대가를 치르게 해야지요. 당신은 새로운 시대의 얼굴로 손색없습니다. 나와 함께 세상을 바꿔보지 않겠소?"

다시 돛을 올리고

그 밤을 이장곤은 뜬눈으로 지새웠다. 그는 시간을 조금 달라고 했고, 홍길동은 마음을 정하면 내일 미시(오후 1~3시)까지 덕원 남쪽 석벽포구로 와달라고 했다. 그곳에서 배를 타고 바다를 한 바퀴 돌아 한강으로 들어가겠다는 것이다.

장곤이 폭정의 공범들은 청산하되 새 임금은 보위할 것이냐고 묻자 길동은 잠시 뜸을 들이고는 말했다.

"천하는 공물인데 어찌 일정한 주인이 있겠소. 소생은 백성을 임금처럼 섬길까 하오."

이장곤은 그 말을 되씹으며 이불 속에서 뒤척였다. '천하공물(天下公物)'이라니, 살금살금 다가오던 잠이 줄행랑을 쳤다. 아무래도 위험한 자다. 그런데도 구미가 당긴다.

9월 초사흘 새벽, 아내가 부스스 일어나 옷을 걸쳐 입고 부엌에 들어갔다. 자는 척하고 슬쩍 보니 장곤이 홍남장에서 사 온

호박색 옥비녀를 쪽머리에 꽂았다. 흐뭇하다.

이불 속에서 잠깐 풋잠이 들었는데 어제 홍남장에서 본 연희 마당이 꿈속에 펼쳐졌다. 줄타기와 솟대타기, 땅재주와 씨름에 구경꾼들이 환호했다. 익살맞은 사설과 노래에 어깨춤이 절로 난다. 땀 흘려 일하고 물산을 나누고 한바탕 즐기는 그 어우러 짐! 사는 낙이다. 사람 사는 세상이다.

번쩍 눈을 떴을 때 이장곤의 마음은 정해졌다. 홍길동이 기다 리는 덕원으로 갈 것이다. 세상을 뒤집어엎어 바꾸리라.

장인과 장모에게 아침 문안을 드리고 이제 떠나겠다고 말했 다. 고리장이 장인은 섭섭해하면서도 이런 날이 올 줄 알았다고 했다. 다만 딸은 데려가야 한단다. 장곤이 바라던 바다. 버들잎 아내는 아무 말 없이 방에 들어가 짐을 꾸리기 시작했다. 떠날 준비로 부산하게 움직이는데 외침 소리가 들렸다.

"이리 오너라!"

대문을 열어 보니 함경감사와 함흥부사가 아전들을 거느리고 당도했다. 어안이 벙벙해 서 있는데 감사와 부사 뒤편에서 송방 대행수 맹봉삼이 얼굴을 삐죽 내밀었다.

맹봉삼은 전날 밤 뒤늦게 박원종 등의 반정 소식을 들었다. 폭 군이 쫓겨나고 새 임금이 즉위할 거란다. 이렇게 되면 셈법이 달라진다. 이장곤의 값어치가 떨어졌다. 그가 답하기를 기다릴 것도 없다. 봉삼은 당장 함경감영으로 달려가 반정에 대해 고하 고 도망자의 소재를 알렸다. 유장 이장곤을 사실상 새 임금과 반정 주역들에게 넘긴 것이다.

함경감사는 의로운 선비를 양수척의 집에 머물게 할 수는 없다며 가마를 대령시켰다. 당분간 감영 내아에서 묵도록 하고 도성에서 부름이 있으면 보내겠다는 것이다.

풋잠의 꿈으로는 아무것도 바꿀 수 없다. 이길 수 없다면 합류하는 것이 맞다. 장곤이 사대부들에게 둘러싸여 싸리문을 나서다가 문득 뒤돌아보니 양수척 아내가 옷고름을 말아 쥐고 눈물을 훔친다. 이대로 본부인과 자식들에게 돌아가면 살아생전에 저 사람을 다시 볼 수 있을까? 눈앞이 뿌옇게 흐려졌다. 울음이 터지는 것을 막아보려 옛 노래를 나지막이 읊조렸다.

붉지 않다고 여우가 아니겠으며 검지 않다고 까마귀가 아니겠는가(莫赤匪狐 莫黑匪烏)
사랑하며 나를 좋아하는 이와 손 붙잡고 함께 수레에 오르리(惠而好我 携手同車)
어찌 우물쭈물 주저하는가, 이미 급박하게 되었거늘(其虛其邪 旣亟只且)

— 《시경》〈북풍〉 3절

덕원 석벽포구에서는 의적이 선비를 기다리고 있었다. 미시가 지나고 신시(오후 3~5시)가 다 지나도록 이장곤은 코빼기도 보이지 않았다. 약속을 지키지 않을 사람은 아닌데…… 길동은 고개를 갸우뚱하고는 부질없는 기다림을 접었다.

포구에는 삼승포돛을 접은 월자갑선이 대기하고 있었다. 월자
갑선은 유구국 기술자가 사행길에 따라와서 만들어준 것이다.
50만 근이 넘는 큰 배여서 무려 300여 명이 탈 수 있었다. 쌀과
무기, 면포와 재물은 이미 배에 실었다. 한강에 상륙해 궁궐을
기습할 때 군량과 군수로 쓰기 위해 감영과 절을 턴 것이다.

그러나 이장곤이 나타나지 않으면 이 계획은 아무 의미가 없
다. 문무를 겸비하고 민심을 입은 새로운 얼굴이 필요했다. 미
래의 희망 없이 현재와 싸우는 것은 아귀다툼에 지나지 않는다.
홍길동은 씁쓸히 입맛을 다시다가 문득 말발굽 소리를 들었다.

모래사장 저편에서 한 떼의 무사들이 나타났다. 허리께에 지
팡이칼을 차고 있다. 폭군의 주구, 창포계다. 어림잡아 200여
명은 되어 보였다. 저 개장수 놈들이 어떻게 우리가 여기 있는
줄 알았지?

이장곤이…… 서운함이 파도치듯 밀려들었다. 장곤을 감시
하던 송방이 회합을 알아차리고 창포계에 찌른 것을 길동이 알
수는 없었다.

적들은 100보 앞에 이르러 말을 멈추고 대오를 정비했다. 두
사람이 앞으로 나섰다. 창포계주 최치수와 폭군의 호위무사 가
무치였다. 새벽에 문경새재에서 장순손을 베지 못하고 반정 소
식에 분루를 삼킨 연산군의 남자들이었다.

폭군이 왕위에서 쫓겨난 것을 안 이상 충정으로 하는 짓은 아

닐 터. 그들은 활빈당의 재물을 노리고 있었다. 끈이 떨어졌으니 거하게 한탕 해서 보상으로 삼으려는 것이다.

홍길동은 피가 거꾸로 솟는 기분이었다. 이렇게 된 이상 살계를 범하지 않을 수 없다. 그는 환도를 집어 들고 애마 축지의 등에 올라탔다.

가무치가 말을 박차고 달려나왔다. 지금껏 편곤을 휘둘러 이기지 못한 적이 없었다. 애송이 도적놈 정도는 한 방에 날려버리리라. 그런데 홍길동의 말이 엄청난 속도로 치고 나왔다. 한 번도 보지 못한 폭주에 가무치는 살짝 당황했다.

홍길동은 도살자의 예기가 흐트러진 틈을 놓치지 않았다. 10보 앞에서 공중제비를 돌며 비수를 날렸다. 석양을 등에 업고 날아오른 길동의 모습은 분신술을 쓰는 것처럼 여러 개로 보였다. 가무치가 실체를 알아차렸을 때는 이미 비수가 그의 이마에 박힌 뒤였다.

가무치가 쓰러지는 것을 본 최치수는 부하들에게 돌격 명령을 내렸다. 활빈당은 80여 명에 불과했다. 머릿수가 두 배 이상이니 아무리 홍길동이라도 버티기 힘들 것이다.

창포계가 일제히 말을 달려 활빈당을 덮치기 직전이었다. 포구를 병풍처럼 둘러싼 석벽 위에서 화살이 비처럼 쏟아져 내렸다. 곰뱅이가 궁수 20여 명을 데리고 석벽을 기어 올라가 매복하고 있었던 것이다. 석벽 위에서 각궁에 편전을 매겨 속사(速射)하니 모래사장에 나뒹구는 계원들이 속출했다.

최치수는 황급히 말을 멈추고 호각을 불었다. 퇴각 신호였다. 부질없는 희생은 피해야 한다. 산에 들어가 도적질이라도 하려면 부하를 한 명이라도 더 보존하는 것이 상책이었다.

청포계는 시신과 부상자를 수습해 물러났다. 숙명적인 싸움이 싱겁게 끝난 것이다. 석벽 위에 궁수를 매복시킨 홍길동의 책략이 빛을 발했다.

그날 밤, 50만 근이 넘는 거대한 배가 삼승포돛을 활짝 펴고 석벽포구를 빠져나갔다. 홍길동이 가리킨 곳은 남쪽 바다 위 섬들의 나라, 유구국이었다.

"공자가 죽어야 백성이 산다."

길동은 밤하늘의 달을 바라보며 되뇌었다. '성리학적 조선'에서 더는 희망을 찾을 수 없다. 이제는 어둠을 뚫고 '대동(大同)세상'을 향해 나아가기로 했다. 포근한 달빛이 그의 뺨을 어루만지며 바닷길을 열어주었다.

반정, 역사 뒤에서 역사가 된 이들의 선택

인격적으로 점잖은 무게 '드레'

드레북스는 가치를 존중하고 책의 품격을 생각합니다